교회 기초 시리즈

Understanding the Great Commission

대위임령

시리즈 편집인 조나단 리먼
지은이 마크 데버
옮긴이 최원진

교회 기초 시리즈

Understanding the Great Commission

대위임령

초판 1쇄 발행 2020년 12월 31일

지은이	마크 데버
옮긴이	최원진
발행인	이요섭
기획	박찬익
편집	이지혜
디자인	김한솔
제작	박태훈
영업	김승훈, 김창윤, 정준용, 이대성

펴낸곳	도서출판 디사이플
등록	2018. 2. 6. 2018-000010호
주소	07238) 서울특별시 영등포구 국회대로76길 10
기획	(02)2643-9155
영업	(02)2643-7290
팩스	(02)2643-1877
온라인구입	요단인터넷서점 www.jordanbook.com

ⓒ 2020. 도서출판 디사이플 all rights reserved.

ISBN 979-11-90964-10-4
　　　979-11-90964-06-7 (세트)
값　8,000원

Copyright © 2016 by Mark Edward Dever and 9Marks
Originally published in English under the title
Understanding the Great Commission by B&H Publishing Group
One LifeWay Plaza, Nashville, TN 37234, USA
All rights reserved.
Used and translated by the permission of 9Marks
525 A St. NE, Washington D.C. 20002, USA
This Korean edition copyright © 2020 by Disciple Press, Seoul, Republic of Korea
이 한국어판의 저작권은 9Marks와 계약한 도서출판 디사이플에 있습니다.
신 저작권법에 의하여 한국 내에서 보호 받는 저작물이므로 무단 전재와 무단 복제를 금합니다.
본문에 인용된 성경 구절은 대한성서공회의 성경전서 개역개정판을 사용하였습니다.

CONTENTS

교회 기초 시리즈 서문		5
1장	대위임령, 당신, 그리고 지역 교회	7
2장	하나님 말씀, 하나님 백성	13
3장	천국 사랑, 천국 진리, 천국 백성	18
4장	복음을 전하고 교회를 세우라	25
5장	올바른 가르침과 감독	32
6장	교회 회원 됨과 자발적 헌신	37
7장	대위임령에 순종하는 교회의 네 가지 실천	42
8장	대위임령에 순종하는 교회의 다섯 번째 실천	53
9장	머물러 있을 것인가, 떠날 것인가?	60
10장	대위임령의 가장 중요한 목표	66
성구 색인		68

CHURCH BASICS

교회 기초 시리즈 서문

그리스도인의 삶은 교회를 중심으로 한 삶이다. 이 기본적인 성경적 확신이 교회 기초 시리즈 전체에 깔려 있다.

그 확신은 각 저자가 자신의 주제를 다루는 방식에도 영향을 미친다. 예를 들어, 주의 만찬은 당신과 예수님의 사적이고 영적인 행위가 아니다. 그것은 성도들이 식탁에 둘러앉아 함께 식사하는 것이다. 대위임령은 그리스도인 한 사람 한 사람을 예수님의 증인으로 열방 가운데 보내기 위한 자격증이 아니다. 이것은 모든 교회가 수행해야 하는, 모든 교회에 주어진 책임이다. 교회의 권위는 지도자뿐만 아니라 모든 회중에게 달려 있다. 당신을 포함한 모든 사람이 수행할 역할이 있다.

시리즈 전체는 일반 교인들을 위해 쓰였다. 이것이 중요한 특징이다. 그리스도인의 삶이 교회를 중심으로 한다면, 침례(세례) 받은 교회 회원은 이런 기본적인 주제를 이해해야 한다. 예수님이 당신에게 복음을 전하고 지키라는 명령과 함께, 교회를 전하고 지키라는 책임도 부여하셨다. 이 시리즈가 어떻게 그러한 일을 감당해야 하는지 설명할 것이다.

당신은 그리스도의 복음사역주식회사 주주라고 할 수 있다. 좋은 주주는 자기가 투자한 회사에 대해 알아본다. 시장조사도 하고, 경쟁 회사를 알아보기도 한다. 자신이 주식을 산 그 회사에서 많은 이윤을 내고 싶어 한다. 당신은 복음에 전 생애를 투자한 셈이다. 이 시리즈의 목적은 당신의 지역 교회가 하나님의 영광스러운 복음을 땅 끝까지 전파하는 일을 잘 감당하고, 최상의 효과를 낼 수 있도록 돕는 것이다.

자, 이제 준비되었는가?

조나단 리먼 시리즈 편집인

THE GREAT COMMISSION

1장
대위임령, 당신, 그리고 지역 교회

이 책의 목적은 한 마디로 대위임령과 그것이 그리스도인의 삶에서 어떤 의미인지 이해하도록 돕는 것이다.

성경에는 "대위임령"(The Great Commission)이라는 용어가 없다.[1] 그러나 그리스도인들은 아주 오랫동안 예수님께서 승천하시면서 마지막으로 우리에게 주셨던 그 영광스러운 명령을 '대위임령'이라고 해 왔다. 당신은 아래의 성경 말씀을 기억할 것이다.

> "예수께서 나아와 말씀하여 이르시되 하늘과 땅의 모든 권세를 내게 주셨으니 그러므로 너희는 가서 모든 민족을 제자로 삼아 아버지와 아들과 성령의 이름으로 침례(세례)를 베풀고 내가 너희에게 분부한 모든 것을 가르쳐 지키게 하라 볼지어다 내가 세상 끝날까지 너희와 항상 함께 있으리라 하시니라"
> (마 28:18-20)

예수님은 십자가에 못 박히시기 전에 "이스라엘 집의 잃어버린 양 외에는 다른 데로 보내심을 받지 아니하였노라"고 하셨다(마 15:24). 그러나 주님께서는 부활하신 후에 온 열방의 찬양을 받으셨다. 다니엘서 7장에 언급된 인자(Son of Man)처럼 전능하신 하나님의 권위를 가지고

---

[1] **대사명**이나 **지상위임명령**으로 번역될 수도 있으나 **대계명**(마22:35-40; 막12:28-34; 눅10:25-28)도 주님의 명령이기에 혼동의 소지가 있어 "**대위임령**"이라 번역함(역자 주).

부활하셨다. 예수님의 통치는 이제 이스라엘을 넘어 모든 열방으로 확장된다. 주님은 하늘과 땅의 모든 권세를 가지신다.

예수님은 이 권위를 주장하신 후, 제자들에게 가서 제자를 삼으라고 말씀하셨다. 문법적으로 '제자 삼으라'는 헬라어는 명령형 동사이다. 이 명령은 세 개의 분사와 함께 사용되었다. 그래서 이 구문을 다음과 같이 번역할 수 있다.

"가서, **제자를 만들고**, 침례(세례)를 주고, 가르쳐서"

일반적으로 첫 번째 분사 **'가는'**(going)을 '가다'(동사)로 번역한다. 이것은 잘못된 번역이 아니다. 왜냐하면 이것이 이 문장의 첫 번째 단어이기 때문이다. 그리고 가는 것은 제자 삼는 것보다 선행되어야 한다. 헬라어 사용자들은 이것을 특별히 강조하려고 했을 것이다. 그러므로 이 단어를 '가다'로 번역하는 것이 맞다.

그런데 제자 삼는 것이 가서, 침례(세례)를 주고, 가르치는 일과 관련이 있다면, 보내는 이는 누구인가? 누가 침례(세례)를 주고 가르치는가? 이 일은 개인 전도와 제자 삼는 일을 주축으로 이루어지는가? 다른 방법은 없는가?

· 교회 개척을 통해 대위임령을 수행하는 교회들

대위임령을 다루는 책들을 보면 대부분 전도와 선교에만 초점을 맞추고 있는 것을 보게 된다. 그 책들은 그리스도인 각자가 해야 하는 일을 강조한다. 내가 쓴 「복음과 개인 전도」(The Gospel and Personal Evangelism)를 읽어 보라. 대위임령은 다른 사람에게 복음을 전하고 가르치는 사람이 있어야만 성취될 수 있다. 그러나 그리스도인 각자가 비행기 탑승권과 전도지를 손에 쥐는 것이 대위임령의 전부인가? 예수님 말씀에 다른 의미는 없는가?

이 책의 두 번째 목적은 대위임령이 지역 교회 개척과 성장을 중심으로 이루어진다는 것을 설명하는 것이다. 교회들은 더 많은 교회를 개척함으로 주님의 명령을 수행한다. 고로 대위임령은 그리스도인인 당신이 수행해야 한다. 그러나 그 대위임령은 또한 지역 교회를 **통해** 수행되어야 한다. 그래서 하나님은 우리에게 가서, 제자를 만들고, 침례(세례)를 주고, 가르치라고 말씀하신 것이다.

· **아브라함과 우리에게 주신 하나님의 약속**

예수님께서 대위임령을 주시기 수백 년 전, 하나님께서 이사야 선지자에게 메시아가 오실 것을 약속하셨다. 하나님은 "그가 이르시되 네가 나의 종이 되어 야곱의 지파들을 일으키며 이스라엘 중에 보전된 자를 돌아오게 할 것은 매우 쉬운 일이라 내가 또 너를 이방의 빛으로 삼아 나의 구원을 베풀어서 땅 끝까지 이르게 하리라"고 말씀하셨다(사 49:6).

마태복음의 첫 구절은 아브라함까지의 족보를 설명하고 있으며, 이것은 오래전 이사야에게 주신 약속을 연상시킨다. 마태복음 1:1은 예수님을 '아브라함의 자손'이라고 부르는데, 이것은 하나님께서 아브라함에게 주셨던 약속의 말씀이다. "내가 너로 큰 민족을 이루고 네게 복을 주어 네 이름을 창대하게 하리니 너는 복이 될지라 너를 축복하는 자에게는 내가 복을 내리고 너를 저주하는 자에게는 내가 저주하리니 땅의 모든 족속이 너로 말미암아 복을 얻을 것이라 하신지라"(창 12:2-3).

다시 말해, 성경의 약속은 변함이 없다. 하나님은 땅 끝까지 이르러 열방과 모든 민족을 구원하기 위한 계획을 항상 가지고 계신다.

마태복음 마지막 구절에서 우리는 많은 제자가 주님과 함께 산 위에 서 있는 것을 보게 된다. 그 제자들은 아브라함을 축복하겠다고 하셨던 하나님의 약속이 여기에서 절정에 달했다는 것을 배우고 있다. 하나님께서 아브라함에게 주신 약속을 성취하는 방법이 곧 열방이 복을 받는 방법이다. **모든** 제자는 **모든** 민족 가운데 복음을 전해야 한다. 그리고 예수님의 **모든** 제자는 주님의 **모든** 명령에 순종하도록 부름을 받았다. 이 위대한 사역을 위해 **모든** 권세를 소유하신 주님은 다시 오시는 그날까지 항상 제자들과 함께하시겠다고 약속하셨다.

그러나 이것이 주님의 첫 사도들에게만 주어진 약속은 아니다. 예수님은 자신이 다시 오시기 전에 사도들이 죽을 것을 아셨다.

예수님은 오히려 제자들이 살아 있는 동안 함께하실 것을 약속하셨다. 그러므로 우리는 이 약속이 우리에게도 동일하게 주어졌다는 것을 알아야 한다. 예수님은 제자들이 세상을 떠난 후에도 자기 사역을 지속하실 것이다. 즉, 우리도 주님께서 함께하시겠다는 약속을 받은 것이다.

이 명령은 이제 우리에게 주어졌다!

· 교회란 무엇인가?

대위임령은 단지 개별 그리스도인에게가 아니라 교회들과 교회 성도들에게 주어진 것이다.

그렇다면 교회란 무엇인가? 교회는 정기적으로 책임감 있는 교제를 하는 그리스도인들의 몸이다. 교회 안에서 말씀이 바르게 선포되고, 침례(세례)와 주의 만찬이 제대로 수행된다.

그것을 좀 더 자세하게 설명해 보자. 첫째, 교회는 하나님 말씀이 올바르게 선포되는 장소이다. 우리는 하나님 말씀이 선포됨으로 구원받은 것이다. 하나님은 자기 백성을 말씀으로 창조하신다. "그러므로 믿음은 들음에서 나며 들음은 그리스도의 말씀으로 말미암았느니라"(롬 10:17). 온 세상이 마치 그렇게 돌아가는 것 같다. 어떤 사람이 하나님 약속을 말할 때 많은 사람이 그것을 바라본다. 그리고 돌아서서 그 약속을 향해 걷기 시작한다. 그들은 그 약속을 듣고 그것을 믿는다. 그 선포된 말씀이 교회의 기초이다.

둘째로, 교회는 성례전이 올바르게 거행되는 곳이다. 성례전은 교회의 표지이다. 성례전이 우리를 구원하지는 못한다. 그것들은 복음의 표시이며, 우리가 복음 안에 거한다는 것을 서로가 확인하기 위해 사용하는 것이다. 성례전은 교회 안에서 성도가 서로 책임감 있는 교제를 하는 방법이다. 바비 제이미슨(Bobby Jamieson)이 집필한 교회 기초 시리즈 「침례(세례)」(Understanding Baptism), 「주의 만찬」(Understanding the Lord's Supper)을 읽어 보라.

사람들은 교회는 장소가 아니라 사람이라고 말하고는 한다. 사실 장소도 필요하고, 믿는 사람들의 모임도 필요하다. 그리고 그것이 기독교인들의 다른 모임과 구별되기 위해서는 말씀 선포와 성례전 집행이 필요하다. 말씀이 우리를 그리스도의 백성으로 만들고, 성례전이 우리를 구별한다.

대위임령의 네 가지 명령을 다시 살펴보자: 가라, 제자 삼으라, 침례

(세례)를 주라, 가르치라. 누가 이 일을 해야 하는가? 누가 제자 삼는 일을 위해 선교사를 파송해야 하는가? 그것은 바로 지역 교회이다. 누가 그들에게 침례(세례)를 주어서 제자를 만들고 가르쳐서 성장하도록 도와야 하는가? 지역 교회가 해야 한다.

지역 교회는 하나님께서 대위임령을 수행하도록 우리에게 주신 전형적인 도구이다. 이것이 이 책의 메시지이다.

· **이 책이 당신을 위한 것인가?**

그렇다면 누가 이 책의 독자가 되어야 하는가? 이 책은 모든 성도, 특히 교회의 젊은 신자들을 위한 것이다. 나는 이 책 전반부에서는 성경 이야기를 해 보려고 한다. 그리고 당신에게 대위임령이나 교회와 관련해서 기독교를 이해하도록 몇 가지 기본 개념을 제시하려고 한다.

이 책 후반부의 몇 가지 가르침은 특히 교회 지도자들과 더 관련이 있다고 느낄 것이다. 교회 안에서 프로그램에 익숙한 지도자들도 궁극적으로는 가서, 제자를 삼고, 침례(세례)를 주고, 가르치라고 말씀하신 예수님 말씀이 무엇인지 이해해야 하는 성도이다. 예수님은 우리 모두에게 대위임령을 주셨다. 그리고 이 책을 읽고 있는 당신에게도 대위임령을 주셨다. 당신은 예수님의 비전을 나누어야 한다. 그렇게 하겠는가?

2장
하나님 말씀, 하나님 백성

　많은 사람이 하나님을 사랑해야 한다고 주장한다. 그리고 심지어 그분과 교제해야 한다고 말한다. 그런데 그들 중 상당수는 신구약 66권에 기록된 하나님 말씀에는 관심이 없다. 아내를 사랑한다고 하면서 아내 말에 전혀 관심이 없다면, 아내가 뭐라고 하겠는가?

　한 사람이 얼마나 하나님을 사랑하는지는 그 사람이 얼마나 하나님 말씀을 사랑하는지 보면 알 수 있다. 사실 하나님의 사람과 세상이 다른 점이 그것이다. 성경 전체를 보더라도, 하나님의 사람은 말씀이 있는 곳에 모인다. 그들은 하나님 말씀에 귀 기울이고, 그것에 순종하며, 그것을 사모한다(시편 119편을 보라).

　앞 장에서 나는 지역 교회를 강조하는 것으로 끝을 맺었다. 지역 교회는 사람들의 모임이다. 그곳에서 하나님 말씀이 올바르게 선포되고 성례전이 바르게 거행된다.

　이제 다시 앞으로 돌아가서 성경 전체를 처음부터 끝까지 살펴보자. 성경 전체가 말씀을 통해 자신을 드러내시는 하나님께 초점이 맞추어져 있음을 알 수 있다. 하나님은 사람들을 자기에게로 불러내시기 위해 그렇게 하신다.

- 하나님 말씀

하나님은 자신이 알려지기를 원하신다. 그리고 사람들이 하나님을 믿기 원하신다. 이것이 구약성경과 신약성경의 핵심이다. 하나님은 약속하시고, 그 약속을 지키신다. 그리고 우리는 그 약속을 믿어야 한다.

1장에서 우리는 하나님의 복음이 하나님 백성을 구원하여 그들을 주님의 백성으로 만들어 가는 것을 살펴보았다. 바울은 복음이 "모든 믿는 자에게 구원을 주시는 하나님의 능력"이라고 말한다(롬 1:16).

그래서 하나님 말씀이 하나의 도전으로 우리에게 다가온다. 그것은 바로 당신이 하나님 말씀을 믿으며, 온 생애를 드려 하나님을 믿겠는가 하는 것이다.

이것이 성경이 우리에게 주는 도전이다. 하나님은 아담, 노아, 아브라함, 모세에게 말씀하심으로 자신을 드러내셨다. 그리고 하나님께서는 그 말씀을 듣고, 믿고, 그대로 행하는 아브라함 같은 사람에게 명령하신다(롬 4장을 보라).

잠언의 지혜를 한번 생각해 보라. 하나님의 지혜는 우리에게 임하고, 진리를 계시하고, 그 말씀대로 믿고, 받아들이고, 실천하라고 권면한다. 우리는 지혜로운 자녀와 어리석은 자녀 중 어느 쪽이 되어야 할까?

하나님은 우리에게 말씀과 약속을 주셨다. 우리는 하나님 말씀을 신뢰하고 그 약속을 믿어야 한다. 아담과 이브는 에덴동산에서 하나님 말씀과 약속을 온전히 신뢰하지 못했다. 예수님은 전 생애를 통해, 그리고 겟세마네 동산에서도 하나님 말씀을 신뢰하고 약속을 온전히 믿으셨다. 우리도 하나님 말씀을 듣고 믿어야 그분과의 관계를 시작할 수 있다.

이것이 그리스도인이 되는 기본이다. 성경은 우리가 모두 하나님 말씀에 불순종하고 그분의 명령을 무시했다고 가르친다. 하나님은 선하신 분이기에 우리 죄를 심판하실 것이다. 하나님의 심판에서 벗어나려는 희망이 우리 삶을 변화시키는 것은 아니다. 그것은 우리 죄의 문제를 해결할 수 없다. 그래서 하나님의 심판에서 우리 죄를 대속할 구원자가 필요하다. 그런데 주 예수께서 우리를 대신해 그 일을 감당하셨다. 예수님께서는 하나님 말씀과 명령을 온전히 신뢰하는 삶을 사셨다. 그리고 예수님께서는 자기 죄에서 돌이켜 하나님과 그분의 말씀을 믿고자 하는 사람들의 죗값을 치르기 위해 십자가 위에서 죽으셨다.

· **하나님 백성**

하나님은 누구를 구원하려고 하셨는가? 하나님은 단지 죄로 인해 단절된 개인만을 구원하려고 하셨는가? 아니다. 하나님은 백성을 구원하려고 하셨다.

창세기에 보면, 하나님께서는 자기 형상대로 아담을 창조하신다. 그러나 창세기 초반부에서 하나님은 인간을 세상 만물을 창조하신 방법대로 창조하신다. 하나님은 아담만 창조하신 것이 아니라, 아담과 이브를 창조하신다. 하나님 형상은 아담과 이브에게 동일하게 나타났다. 그리고 이것은 또한 아담과 이브가 낳은 후손에게서도 드러났다.

이 방식은 구원받은 노아와 그의 가족, 부름을 받은 아브람과 그 가족, 그리고 구약성경 전체를 통해 선택받은 이스라엘 민족에게서도 계속된다. 하나님은 개인을 위해서만 일하시는 분이 아니라 이스라엘 민족과 함께 일하신다.

이렇게 함께하는 것이 중요하다. 하나님의 성품은 사람들의 상호 작

용을 통해 알려지고 드러난다. 갈라디아서 5장에 나오는 성령의 열매를 한번 생각해 보라. 성령의 열매는 "사랑과 희락과 화평과 오래 참음과 자비와 양선과 충성과 온유와 절제"이다. 외딴 섬에 혼자 살면서 얼마나 많은 성령의 열매를 실천할 수 있겠는가? 몇 가지는 드러날 수도 있을 것이다. 그러나 진정한 성령의 열매는 사람들이 상호 작용하는 가운데서 나타난다.

하나님 백성이 세상과 다른 것은, 그들이 하나님 음성에 귀기울이고 말씀을 중심으로 모인다는 것이다. 노아는 방주를 만들라는 하나님 말씀에 순종한다. 아브라함은 하나님 말씀을 듣고 갈 바를 알지 못한 채 떠난다. 이스라엘 백성은 하나님께서 주신 십계명에 순종함으로 열방과 구별되었다.

신약성경에서도 이것은 마찬가지이다. 우리는 복음서와 서신서를 살펴보려고 하는데, 먼저 성경의 마지막 책인 요한계시록으로 가 보자. 마태복음 28장 말씀이 거대한 천국 교회에서 성취되는 것을 발견하게 된다. 당신이 그리스도인이라면 언젠가는 사도 요한이 살짝 엿보았던 천국 회중 가운데 서게 될 것이다.

> "이 일 후에 내가 보니 각 나라와 족속과 백성과 방언에서 아무도 능히 셀 수 없는 큰 무리가 나와 흰 옷을 입고 손에 종려 가지를 들고 보좌 앞과 어린 양 앞에 서서 큰 소리로 외쳐 이르되 구원하심이 보좌에 앉으신 우리 하나님과 어린 양에게 있도다 하니" (계 7:9-10)

전 세계 수많은 사람들이 영원토록 하나님의 신실하심을 간증한다. 그들은 하나님 말씀을 믿는 사람들이다. 어떤 사람은 "하나님의 말씀

때문에" 핍박을 받기도 한다(계 6:9; 20:4). 예수님은 자신을 하나님 말씀이라고 하신다(계 19:13). 우리가 바라는 것은 바로 이러한 것들이다. 대위임령이 성취되고 있다는 것을 보는 것은 얼마나 놀라운 일인가!

하나님은 그분을 하나님으로 알고 찬양하는 공동체를 가지고 싶어 하신다. 이것이 성경의 큰 그림이다. 성경은 말씀을 통해 자신을 드러내시는 하나님으로 시작한다. 그리고 하나님을 알고, 믿고, 찬양하는 백성으로 끝이 난다.

· **다시 교회와 대위임령으로**

성경 전체에서 교회를 집중 조명해 보자. 무엇을 발견하는가? 다음 몇 개의 장에서 이 질문을 다룰 것이다. 그러나 교회가 무엇이라고 했는지를 기억하라. 교회는 성도의 모임이다. 그리고 교회는 하나님 말씀 안에서 성도들의 공유된 믿음 위에 세워진다. 그것은 계시록에 등장하는 큰 모임(great assembly)을 미리 보여주는 것이다. 어떤 지역 교회도 마지막 날의 모임처럼 모든 나라와 족속과 백성과 방언을 포함하지는 않는다. 그러나 그런 모임은 만들어져 가고 있는 것이고, 우리는 지금 열매를 보고 있다. 겨울이 지나고 나무에서 싹이 돋아나기 시작했다. 이제 기다려 보자.

대위임령은 우리에게 하나님 말씀을 열방에 전하고, 그의 백성을 불러 모으라고 요구한다. 대위임령은 우리가 모든 민족을 **제자 삼아야** 한다고 명령한다. 그래서 그들도 하나님을 믿고 그분께로 돌아와야 한다.

3장
천국 사랑, 천국 진리, 천국 백성

나는 워싱턴 D.C.에서 20년 이상 목회하고 있다. 그동안 많은 선거가 있었다. 내가 처음 교회에 부임한 이래 많은 장군, 언론인, 상원의원과 의회 직원들이 다녀갔다.

젊은 사람들에게 그들이 바뀔 수 있다는 원대한 비전을 보여주는 것은 이상한 것이 아니다. 그리스도인들은 정치적으로 선한 변화를 위해 싸워야 한다. 그것이 이웃을 사랑하는 하나의 방법이다. 그런데 사람들이 지상 천국을 위해 세상 권력을 사용하려고 할 때 문제가 발생한다. 구세대는 정치에 대해 냉소적이지만, 젊은 세대 사이에서는 유토피아주의(이상주의)가 더 매력적이다. 유토피아주의가 역사상 가장 잔악한 행위의 원천이었다는 사실과는 별개로, 그것은 근본적으로 역사에 대한 하나님의 계획을 잘못 이해한 것이다. 신약성경은 대통령과 국무총리의 사역을 통해 그리스도의 왕국이 임할 것을 기대하라고 가르치지 않는다. 또한 (대통령과 국무총리 직무를 통해) 주님 뜻이 하늘에서 이루어진 것처럼 궁극적으로 땅에서도 이루어질 것이라 기대하라고도 말씀하지 않는다.

그러나 이 땅에서 하늘의 첫 열매를 볼 수 있는 곳이 있다. 내가 2장을 어떻게 결론지었는지 기억해 보라. 지역 교회는 계시록에 나오는 큰 모임을 보여주는 것이다. 지역 교회는 천국에서 우리가 보게 될 것을 미리 엿보는 장소이다.

앞 장에서 우리는 구약성경을 이야기하다가 신약의 복음서, 사도행전, 서신서를 건너뛰고 곧바로 요한계시록으로 넘어갔다. 그리고 모든 나라와 족속과 방언으로부터 모인 마지막 영광스러운 무리에 관해서 설명했다. 그 이유를 설명할 필요가 있다.

먼저 예수님부터 시작하자. 예수님은 교회를 어떻게 생각하시는가? 예수님은 교회가 무엇을 하고, 어떤 존재가 되기를 원하시는가? 예수님은 전적으로 교회를 사랑하신다. 그리고 예수님이 이 땅에서 천국을 대표하신 것처럼, 교회도 그래야 한다고 말씀하신다.

· **예수님의 교회 사랑**

예수님은 교회를 끝까지 사랑하셨다. 요한은 예수님이 제자들의 발을 씻기시기 직전에 이것을 말씀하셨다. 예수님께서 제자들의 발을 씻기시는 것은, 자신의 십자가 죽음으로 더 영원한 죄 사함이 이루어질 것을 상징적으로 보여주는 것이다. "세상에 있는 자기 사람들을 사랑하시되 끝까지 사랑하시니라"(요 13:1).

예수님은 자신의 피로 교회를 사셨다(행 20:28).

예수님은 교회를 세우셨다(마 16:18).

예수님은 격려와 경고로 교회에 대한 자신의 사랑을 말씀하고 가르치고 보이신다(계 2-3장).

교회를 향한 예수님의 사랑은 사실 남편들이 자기 아내를 사랑하는 모델을 제공한다. 바울은 다음과 같이 말한다.

"남편들아 아내 사랑하기를 그리스도께서 교회를 사랑하시고 그 교회를 위하여 자신을 주심 같이 하라 이는 곧 물로 씻어 말씀으로 깨끗하게 하사 거룩하게 하시고 자기 앞에 영광스러운 교회로 세우사 티나 주름 잡힌 것이나 이런 것들이 없이 거룩하고 흠이 없게 하려 하심이라 이와 같이 남편들도 자기 아내 사랑하기를 자기 자신과 같이 할지니 자기 아내를 사랑하는 자는 자기를 사랑하는 것이라 누구든지 언제나 자기 육체를 미워하지 않고 오직 양육하여 보호하기를 그리스도께서 교회에게 함과 같이 하나니 우리는 그 몸의 지체임이라 그러므로 사람이 부모를 떠나 그의 아내와 합하여 그 둘이 한 육체가 될지니 이 비밀이 크도다 나는 그리스도와 교회에 대하여 말하노라 그러나 너희도 각각 자기의 아내 사랑하기를 자신 같이 하고 아내도 자기 남편을 존경하라" (엡 5:25-33)

예수님은 교회를 위해 자신을 내어주셨다. 그분은 교회의 거룩함을 추구하신다. 예수님은 말씀으로 교회를 깨끗하게 하셨다. 예수님은 교회의 필요를 채우고 교회를 돌보신다. 예수님은 교회를 자기 몸처럼 사랑하신다.

· 천국 사랑 증명하기

예수님은 교회를 너무나 사랑하셔서 자신을 교회와 동일시하셨다. 이것은 우리도 교회 안에서 예수님처럼 서로 사랑해야 한다는 것을 의미한다. 예수님께서는 "새 계명을 너희에게 주노니 서로 사랑하라 내가 너희를 사랑한 것같이 너희도 서로 사랑하라 너희가 서로 사랑하면 이로써 모든 사람이 너희가 내 제자인 줄 알리라"고 말씀하셨다(요 13:34-35). 교회는 천국 그 자체의 사랑을 보여주어야 한다. 그렇게 서로 사랑하는 것이 그리스도의 제자가 갖는 특징이다. 그 사랑 때문에 열방은 우리가 예수님께 속한 존재임을 알게 될 것이다.

그러나 우리가 그리스도인만을 사랑해야 하는 것은 아니다. 우리는 하나님께서 세상을 사랑하셨던 것처럼 교회 밖의 사람들을 사랑해야 한다. 예수님은 하나님 사랑과 이웃 사랑을 함께 말씀하신다. 서기관 중 한 사람이 "모든 계명 중에 첫째가 무엇이니이까"라고 질문했다. 예수님은 "네 마음을 다하고 목숨을 다하고 뜻을 다하고 힘을 다하여 주 너의 하나님을 사랑하라 하신 것이요 둘째는 이것이니 네 이웃을 네 자신과 같이 사랑하라"(막 12:28-31)고 대답하셨다. 우리가 하나님을 사랑한다는 것은 이웃을 사랑하는 것으로 증명될 수 있다. 열심히 경건 생활을 하면서 다른 사람을 어떻게 대해야 하는지 고민하지 않는다면 그것은 잘못된 것이다. 그리스도인들이 멋지게 하나님을 찬송하는 것만으로 하나님에 대한 사랑을 보일 수는 없다. 하나님을 사랑한다면 기꺼이 자기 자신을 남에게 내어 주어야 한다.

교회는 그런 사랑을 실천하는 중심지가 되어야 한다. 천국 사랑은 우선 복음 안에서 우리를 향한 예수님의 사랑 선언에서, 그리고 두 번째로 교회 안팎 사람을 향한 우리 사랑에서 드러난다.

· 천국 진리와 천국 백성 알아보기

예수님은 자신을 천국 백성과 동일시하신다. 그리고 예수님은 자신이 교회를 사랑하신 것처럼 교회도 서로 사랑하기를 원하신다. 그래서 예수님은 교회가 자신의 이름으로 불리기를 소망하셨다. 예수님은 천국 백성이 공식적으로 자신에게 속하기를 원하신다.

그래서 예수님께서는 대위임령을 주시면서 모든 제자에게 아버지와 아들과 성령의 이름으로 침례(세례)를 받으라고 명령하신 것이다. 그래서 사도행전은 예수의 이름으로 침례(세례)를 받으라고 거듭 말한다. 마치 우리가 그리스도의 이름이 적힌 이름표를 착용하기 원하시는 것과 같다. 예수님은 열방이 우리를 통해 그리스도를 알게 되기를 원하신다.

예수님은 하늘과 땅의 모든 권세를 부여받은 분임을 기억해야 한다. 예수님께서 이것을 말씀하셨을 때 제자들은 무슨 생각을 했겠는가? 우리도 하나님의 권세를 가지신 분과 동일한 권세를 부여받았다.

어떤 그리스도인들은 침례(세례)를 주라는 명령을, 개인적으로 침례(세례)를 무분별하게 시행해도 되는 것으로 생각하고는 한다. 그러나 그것은 성경을 잘못 해석하는 것이다. 우리는 마태복음 16장과 18장을 함께 읽어야 한다. 예수님께서는 사도들에게 먼저 책임과 권위를 주셨고, 그런 다음 지역 교회에 책임과 권위를 허락하셨다. 누가 사람들에게 침례(세례)를 주고 그리스도와 동일시할 권한을 가졌는가? 교회이다.

마태복음 16:16에서 베드로는 "주는 그리시도시요 살아계신 하나님의 아들이시니이다"라고 고백한다. 이에 예수님께서는 이렇게 대답하신다.

> "바요나 시몬아 네가 복이 있도다 이를 네게 알게 한 이는 혈육이 아니요 하늘에 계신 내 아버지시니라 또 내가 네게 이르노니 너는 베드로라 내가 이 반석 위에 내 교회를 세우리니 음부의 권세가 이기지 못하리라 내가 천국 열쇠를 네게 주리니 네가 땅에서 무엇이든지 매면 하늘에서도 매일 것이요 네가 땅에서 무엇이든지 풀면 하늘에서도 풀리리라" (마 16:17-19)

예수님께서는 하늘에 계신 아버지를 대신해 베드로와 베드로의 답변을 확인하신다. 그리고 예수님께서는 하늘에서도 인정되는 천국 열쇠를 주신다. 예수님께서 베드로에게 하셨던 것처럼. 베드로와 사도들은 복음의 고백과 고백자를 확인할 수 있는 하늘 권세를 소유하게 될 것이다.

마태복음 18장에서 보면 예수님은 동일한 권위를 지역 교회에도 주신다는 점에 주목해야 한다. 그리스도인이 되려는 사람이 계속해서 죄를 뉘우치지 않으면, 교회는 그 사람에게 가서 말하고, 그래도 회개하지 않으면 이방인이나 세리와 같이 여기라고 주님은 말씀하신다.

> "만일 그들의 말도 듣지 않거든 교회에 말하고 교회의 말도 듣지 않거든 이방인과 세리와 같이 여기라 진실로 너희에게 이르노니 무엇이든지 너희가 땅에서 매면 하늘에서도 매일 것이요 무엇이든지 땅에서 풀면 하늘에서도 풀리리라"(마 18:17-18)

교회는 풀기도 하고 매기도 하는 열쇠를 가지고 있기 때문에, 그 사람을 불신자로 여길 수 있는 권위가 있다. 그 열쇠가 진정한 복음 고백이나 고백자를 구별하는 데 사용되는 것처럼, 그것은 또한 거짓 복음의 고백이나 고백자들을 거부하는 데도 사용될 수 있다.

내가 왜 지역 교회가 침례(세례)를 줄 수 있는 권위를 가지고 있다는 것을 말하려고 하겠는가? 마태복음 16장과 18장이 우리에게 지역 교회는 그리스도의 열쇠를 소유하고 있다는 것을 말하고 있기 때문이다. 교회는 예수님께서 베드로에게 하셨던 것처럼 올바른 고백과 고백자들을 확인하고 구별할 수 있는 권위를 가졌다. 그리고 예수님께서 교회에 말씀하신 것처럼 그들을 거부할 수도 있다. 예수님은 "두세 사람이 내 이름으로 모인 곳에는 나도 그들 중에 있느니라"(마 18:20)는 말씀을 설명하면서 마태복음 18장의 이야기를 마무리하신다. 누가 예수님의 이름으로 침례(세례)를 줄 수 있는가? 그것은 바로 주님의 이름으로 모인 사람들이다. 마태복음 18장에서 예수님께서는 그들과 함께하신다고 말씀한다. 마태복음 28장에서는 예수님께서 세상 끝 날까지 그들과 함께 계시겠다고 말씀하신다(이들 성경 구절과 천국 열쇠에 대한 더 자세한 논의는 조나단 리먼의 교회 기초 시리즈 「회중의 권위」(Understanding the Congregation's Authority)를 참고하기 바란다).

정리해 보면, 교회는 천국 진리와 천국 백성을 구별할 수 있는 권위를 가지고 있다. 동시에 교회는 천국 사랑을 드러내야 한다.

· 교회를 개척하라는 하나님의 명령

그리스도는 교회를 사랑하신다. 그리고 예수님이 하늘로 승천하시면서 교회를 세우도록 성령을 선물로 보내셨다. 성부, 성자, 성령은 교회를 위해 일하신다. 성부, 성자, 성령은 교회를 세워 가신다.

교회는 근본적으로 인간의 생각이나 인간의 창작물이 아니다. 근본적으로 교회는 하나님이 생각하시고, 하나님이 만드신 것이다. 어떤 의미에서 하나님은 위대한 교회 개척자이시다. 예수님은 제자들에게 자신의 이름으로 모이고, 침례(세례)를 주며, 가르치라고 명령하셨다.

당신이 그리스도인이라면, 주님의 명령이 궁극적으로 성취될 것을 의심하지 않아야 한다. 그리스도께서는 음부의 권세가 교회를 이기지 못할 것이라고 약속하셨다. 그리스도께서 다시 오실 때, 그가 친히 증인이 되실 것이라고 약속하셨다.

4장
복음을 전하고 교회를 세우라

예수님은 교회가 도로교통공단처럼 일하기를 원하실까? 그리스도인의 삶도 그러기를 원하실까?

도로교통공단에서 운전면허를 발급받으면 당신은 어디든 운전해서 갈 수 있다. 도로교통공단은 당신에게 책임을 부여하는데, 그때부터는 당신이 모든 책임을 져야 한다. 운전면허를 가진 사람들은 매주 모이지 않는다. 운전면허를 소지한 다른 사람의 이름을 알거나 그들을 돌볼 필요도 없다. 당신이 자동차 안전에 대해 잘 이해하고 있는지 확인해 주는 전문가가 있는 것도 아니다.

이상하게도 어떤 그리스도인들은 주님의 대위임령인 "가서, 제자를 삼고, 침례(세례)를 주고, 가르치라"를 회심자를 만들고, 그들에게 침례(세례) 증서를 나누어 주어서 파송하는 것으로 이해한다. 확실한 것은 4년마다 운전면허증을 갱신하듯, 사람들은 가끔씩 교회에 와야 하며, 성경 말씀을 읽고 배워야 한다는 것이다. 그러나 이것이 다는 아니다.

대위임령을 도로교통공단에 비유할 때 몇 가지 지적할 것이 있다. 첫째, 그것은 예수님이 승천하신 후 사도들이 실제로 무엇을 했는지를 간과했다. 둘째, 그것은 대위임령에서 가르치라고 말한 것을 간과했다. 셋째, 그것은 대위임령이 순종에 대해 말한 것을 간과했다. 이번 장과 다음 두 장에서 그것을 설명하려고 한다.

· **복음이 전파되고 교회가 세워지는 곳**

사도들은 기본적으로 개인 전도와 제자훈련을 통해 대위임령을 수행했는가? "제자 삼으라"는 명령은 분명히 복음 메시지 선포를 포함한다. 그러면 사도들은 어떻게 복음의 메시지를 선포했는가?

사도행전에서 복음이 어떻게 확산되었는지 생각해 보자. 복음의 확산은 곧 교회의 확산으로 이어졌다. 사도행전에서 시작한 복음의 확산은 계속되었다. 복음이 퍼져 나가는 곳마다 교회가 세워졌다.

- 사도행전 2장에서는 베드로가 죄를 회개하라는 메시지를 선포한다. 그리고 "그 말을 받은 사람들은 침례(세례)를 받으매 이 날에 신도의 수가 삼천이나 더하더라"(행 2:41)라고 말한다. 새로운 주님의 제자들이 어디에 더해졌는지 주목해 보라. 어디에 더해졌는가? 바로 예루살렘에 있는 교회이다(행 5:11; 8:1을 참조하라).

- 사도행전 11장에 보면 예루살렘에 일어난 박해로 흩어진 사람들이 안디옥에 가서 "주 예수를 전파"했다(20절). 그리고 "수많은 사람들이 믿고 주님께로 돌아"왔다(21절). 예루살렘 교회가 개척 사역을 돕기 위해 바나바를 안디옥에 보낸다. 이에 더 많은 제자가 "더하여"졌다(24절). 바나바는 바울을 데려다가 "교회에 일 년간 모여 있어 큰 무리를 가르쳤"다(26절).

- 사도행전 14장에서 바울과 바나바는 이고니온을 방문한다. "이에 이고니온에서 두 사도가 함께 유대인의 회당에 들어가 말하니 유대와 헬라의 허다한 무리가 믿더라"(1절)고 말한다. 그리고 나서 그들은 루스드라로 가서 "복음을 전"한다(7절). 성경 어디에서도 "그들이 교회를 시작했다"라고 말하지 않는다. 그러나 분명한 것은 교회가 개척되었다는 것이다. 14장 후

반부에서는 바울과 바나바가 "루스드라와 이고니온과 안디옥으로 돌아" 간다(21절). 그리고 이번에 그들은 "각 교회에서 장로들을 택"한다(23절). 믿는 자들이 교회에 모였다.
- 사도행전 18장에서는 고린도 교회가 세워졌고 수많은 사람이 듣고 믿어 침례(세례)를 받았다(8절).
- 사도행전 19장에서는 바울이 에베소 교회에서 설교함으로 많은 사람이 회심했다. 다시 말하지만, 본문에는 "그들이 교회를 개척했다"는 말이 없다. 그러나 20장에서 우리는 어떤 일이 일어났는지 분명히 알 수 있다. 바울이 사람을 "에베소로 보내어 교회 장로들을 청"했다(17절).
- 사도행전은 바울이 로마에서 설교하면서 끝난다. 바울이 로마 사람들에게 보낸 편지에서 보여주듯 로마에도 교회(교회들)가 있었다(롬 1:7; 16:5).

사도들이 한 일이 무엇인가? 그들은 복음을 전하고 교회들을 모았다. 교회는 하나님의 대위임령 계획의 중심에 있다.

· **사도행전의 주연**

당신은 그동안 사도행전을 이렇게 읽지 않았을 것이다. 아마도 개인의 영웅적 활동이나 신앙에만 주목했을 것이다. 사도행전을 다시 읽어 보라. 그리고 지역 교회가 얼마나 중요한지 주목해 보라(아래의 굵은 글씨 강조). 누가 사도들과 다른 대표들을 파송하는가? 지역 교회이다.

- "**예루살렘 교회가** 이 사람들의 소문을 듣고 바나바를 안디옥까지 **보내니**"
  (행 11:22)
- "**그들이 교회의 전송을 받고**" (행 15:3)

사도들이 누구에게 와서 보고했나? 바로 지역 교회이다.

- "그들이 이르러 **교회를 모아** 하나님이 함께 행하신 모든 일과 이방인들에게 믿음의 문을 여신 것을 보고하고" (행 14:27; 16:4-5도 참고하라)
- "예루살렘에 이르러 **교회와** 사도와 장로들에게 **영접을 받고** 하나님이 자기들과 함께 계셔 행하신 모든 일을 말하매" (행 15:4)

누가 결정을 하는가? 지역 교회이다.

- "**온 무리가** 이 말을 기뻐하여 믿음과 성령이 충만한 사람 스데반과 또 빌립과 브로고로와 니가노르와 디몬과 바메나와 유대교에 입교했던 안디옥 사람 니골라를 **택하여**" (행 6:5)
- "이에 사도와 장로와 **온 교회가** 그 중에서 사람들을 **택하여** 바울과 바나바와 함께 안디옥으로 보내기를 결정하니" (행 15:22)

하나님께서는 어떤 일을 하시는가? 지역 교회에 장로들을 세우셨다.

- "**각 교회에서 장로들을 택하여** 금식 기도하며 그들이 믿는 주께 그들을 위탁하고" (행 14:23)
- "여러분은 자기를 위하여 또는 온 양 떼를 위하여 삼가라 성령이 그들 가운데 **여러분을 감독자로 삼고** 하나님이 자기 피로 사신 교회를 보살피게 하셨느니라" (행 20:28)

사도행전 전체가 개인 전도와 제자훈련만을 다루지 않고, 지역 교회가 자신들의 상황 속에서 어떻게 복음을 전하고 제자를 훈련하는지를 말하고 있다. 복음의 확산 이야기는 곧 지역 교회의 확장 이야기이다.

· **사도행전에서만 교회가 주연인가?**

교회가 물론 사도행전에서만 주연으로 등장하는 것은 아니다. 교회는 신약성경 전체에서 중요한 역할을 감당한다. 신약성경의 서신서 대부분은 교회들에 보내졌다: "고린도에 있는 하나님의 교회"(고전 1:2); "갈라디아 여러 교회들에게"(갈 1:2); "빌립보에 사는 모든 성도와 또한 감독들과 집사들"(빌 1:1); "데살로니가인의 교회"(살전 1:1).

교회들은 서로 안부를 전하고 서로 감사한다: "나뿐 아니라 이방인의 모든 교회도 그들에게 감사하느니라"(롬 16:4); "그리스도의 모든 교회가 다 너희에게 문안하느니라"(롬 16:16); "아시아의 교회들이 너희에게 문안하고"(고전 16:19).

사도들은 그리스도인들이 가르치는 일과 주의 만찬, 그리고 서로 간에 돌봄을 위해 교회에 모여야 한다고 생각하고 그것을 명령했다.

- "… 각 교회에서 가르치는 것을" (고전 4:17; 7:17도 보라)
- "먼저 너희가 교회에 모일 때에 너희 중에 분쟁이 있다 함을 듣고 어느 정도 믿거니와 … 그런즉 내 형제들아 먹으러 모일 때에 서로 기다리라" (고전 11:18, 33)
- "이 편지를 너희에게서 읽은 후에 라오디게아인의 교회에서도 읽게 하고 또 라오디게아로부터 오는 편지를 너희도 읽으라" (골 4:16)
- "서로 돌아보아 사랑과 선행을 격려하며 모이기를 폐하는 어떤 사람들의 습관과 같이 하지 말고 오직 권하여 그날이 가까움을 볼수록 더욱 그리하자" (히 10:24-25)

교회는 서로에게 관심을 보인다.

- "(디도는) 여러 교회의 택함을 받아 우리가 맡은 은혜의 일로 우리와 동행하는 자라" (고후 8:19)
- "성도를 위하는 연보에 관하여는 내가 갈라디아 교회들에게 명한 것 같이 너희도 그렇게 하라 매주 첫날에 너희 각 사람이 수입에 따라 모아 두어서 내가 갈 때에 … 내가 이를 때에 너희가 인정한 사람에게 편지를 주어 너희의 은혜를 예루살렘으로 가지고 가게 하리니" (고전 16:1-3)

교회는 선교사들을 보내 다른 교회를 개척하도록 한다.

- "우리 형제들로 말하면 여러 교회의 사자들이요" (고후 8:23)
- "내가 마게도냐를 떠날 때에 주고 받는 내 일에 참여한 교회가 너희 외에 아무도 없었느니라" (빌 4:15)
- "그들이 교회 앞에서 너의 사랑을 증언하였느니라 네가 하나님께 합당하게 그들을 전송하면 좋으리로다 이는 그들이 주의 이름을 위하여 나가서 이방인에게 아무것도 받지 아니함이라 그러므로 우리가 이 같은 자들을 영접하는 것이 마땅하니 이는 우리로 진리를 위하여 함께 일하는 자가 되게 하려 함이라" (요삼 1:6-8)

바울은 그리스도인을 향한 걱정을 표현한다. "모든 교회를 위하여 염려하는 것이라"(고후 11:28). 신약 주석가인 피터 오브라이언(Peter O'brien)은 바울이 "다른 사람의 터가 아닌 그리스도가 주님으로 인정받지 못하는 곳에서 복음을 전파하려 한 것은 … 그의 선교 사명에 있어 복음 전도가 필수적이었다는 증거다"라고 말한다. 그러나 그것이 바울 사역의 전부는 아니었다. 오브라이언은 "바울의 사역은 그리스도인을 가르

쳐서, 교회가 성숙하고 정착할 때까지 계속되었다"고 주장한다.[2]

· 선교사 사역: 전하고 세우는 것

신약성경의 핵심은 그리스도인의 삶이 교회를 중심으로 한 삶이라는 것이다. 이것을 설명할 수 있는 사례는 너무나 많다. 그리스도에 대한 우리의 제자 됨은 교회 안에서 그리고 교회를 통해서 드러난다.

그것은 선교사의 사명이 새로운 신자가 지역 교회에 정착할 때까지 끝난 것이 아니라는 것을 의미한다. 오브라이언은 그리스도인의 기본 사명을 바울이 어떻게 이해했는지 잘 설명해 주고 있다.

> "바울은 복음을 선포했을 뿐만 아니라 남자들과 여자들이 하나님을 믿도록 회심시켰다. 그리고 그는 선교 사역의 필수적인 요소로 교회를 세웠다. 그리스도께로 돌아온다는 것은 그와 연합하고, 그리스도인 공동체의 회원이 되는 것을 의미한다 … 바울은 분명히 개척한 교회의 양육을 '그의 선교 사역의 필수 요소'로 이해했다."[3]

오늘날 그리스도인들, 심지어 교회 지도자들은 교회를 도로교통공단 사무실처럼 생각한다. 그래서 대위임령을 "면허증을 주고 그들에게 가라"고 말하는 것쯤으로 간주한다. 그러나 사도들은 자신들의 사역을 그렇게 보지 않았다. 그들은 복음을 전하고 교회를 세웠다. 초대교회도 그렇게 사역했다.

---

2 Peter T. O'Brien, *Consumed by Passion: Paul and the Dynamic of the Gospel* (New York: Lancer, 1993), 45.
3 Ibid., 42.

5장
올바른 가르침과 감독

지역 교회는 침례(세례)를 통해 면허증을 발급하는 도로교통공단이 아니다. 이것이 앞 장의 요점이었다. 우리는 도로교통공단판 대위임령을 원하지 않는 것처럼, 정보 창구판 대위임령도 원하지 않는다. 지역 교회는 정보를 제공하는 정보 창구 정도가 아니다.

이 말은 좀 우습게 들릴 수 있다. 교회를 정보 창구라고 말하는 사람은 없다. 그러나 많은 그리스도인이 교회를 말씀이 선포되는 장소 정도로 취급한다. 사람들은 주일에 교회에 와서 정보를 얻는다. 그리고 그렇게 얻은 정보를 가지고 한 주간을 살아간다. 그러면서도 교회의 다른 교인이나 목사들과 거의 연락하지 않는다. 이것이 정보 창구가 운용되는 방식이다. 당신은 정보 창구에 가서 궁금한 것을 묻고 필요한 정보를 얻지만, 그곳 사람들과 어떤 관계도 맺지 않는다. 그들은 자신의 의무를 다한 것이다. 그리고 이제 당신도 할 일을 하면 된다.

대위임령은 교회에게 가르칠 것을 명령한다. 대위임령이 무엇인지 기억하는가? 가서 제자 삼고 … **가르치는 것**. 그것이 내가 지금부터 말하고 싶은 것이다. 그러나 그 명령이 어떻게 침례(세례)를 주는 것과 가르치는 것을 연결하는지 주목해 보라: 가서 제자를 만들고, **침례**(세례)**를 주는 것과 가르치는 것**. 성경은 책임, 감독, 그리고 올바른 성례전이 집행되는 상황을 설명하고 있다.

우리는 마태복음에서 이것을 확인할 수 있다. 또한 신약성경의 나머지 책에서도 이것을 볼 수 있다.

· **마태복음을 간단히 되짚어 보기**

앞에서 우리가 논의하던 마태복음으로 다시 돌아가 보자. 마태복음 28장에서 예수님은 제자들에게 새로운 제자들에게 아버지와 아들과 성령의 이름으로 침례(세례)를 주라고 명령한다. 이들은 우리 죄를 위해 죽으시고 다시 살아나신 메시아 예수를 믿음으로 고백한 사람들이다.

누군가 말은 하는데 행동하지 않는다면 어떤 일이 일어날까? 그리스도를 믿음으로 고백하면서도 죄를 회개하지 않는 사람이 있을 수 있을까? 예수님은 마태복음 18장에서 우리를 위해 그 질문에 대답하셨다. 적어도 두세 사람이 예수의 이름으로 모인 교회는 권위를 가지고 그 사람을 교회 회원에서 제외시켜야 한다.

다시 마태복음 28장으로 돌아가 보자. 예수님께서 제자들에게 가르치라고 명령하실 때, 그것은 정보 창구와 같은 것을 염두에 두고 하신 말씀일까? 아니면 신학교 채플 강의를 염두에 두고 하신 말씀일까? 아니다. 제자들은 침례(세례)와 가르침을 받았다. 교회는 그들에게 예수님의 이름표를 준다. 그리고 그 사람이 마태복음 18장의 상황에 빠지지 않도록 계속 지켜보아야 한다.

여기에 중요한 가르침이 있다. 새로운 신자는 보통 침례(세례)를 받음으로 교회 회원이 된다. 그리고 교회는 그 사람을 가르친다. 예외도 있다. 당신은 사도행전 8장에 빌립과 에디오피아 내시를 생각할지도 모른다. 그러나 사도행전의 2장의 상황이 더 전형적이다. 베드로가 복음을 전한다. 그에게 복음을 들은 사람들이 양심에 찔려 무엇을 해야 구원받을 수 있는지 묻는다(37절). 베드로가 "침례(세례)를 받고 죄 사함을 받으라"고 대답한다. 사도행전을 쓴 누가는 "그 말을 받은 사람들은 침례(세례)를 받으매 이 날에 신도의 수가 삼천이나 더하더라"고 기록한다(41절). 사람들은 가르침을 받고, 침례(세례)를 받아 예루살렘 교회의 회원이 된다: "그들이 사도의 가르침을 받아 … 힘쓰니라"(42절).

- **목자: 가르침 + 감독**

신약성경의 나머지 부분에서도 가르침에 대해서 언급된다. 그것은 대위임령이 교회 개척의 비전을 가르치라고 명령하고 있다는 것을 강조한다. 교회에 그들을 가르치는 목자가 있다는 사실이 이것을 잘 보여준다. 교회에 강연자가 있어야 하는 것은 아니다. 팟캐스트 설교자나 정보 창구 직원도 아니다. 교회에는 가르치는 것과 감독하는 일을 함께 감당할 목자가 있어야 한다.

목자는 양을 보호한다(행 20:28-31; 벧전 5:1-5; 딤후 4:2). 목자는 양을 인도한다(살전 5:12). 목자는 양을 먹이고 무장시킨다(요 21:15-17; 엡 4:11-16). 목자는 복음을 수호한다(고전 15:1-3; 딤전 1:18-19).

에베소 교회 장로들에 대한 바울의 책임이 이것을 잘 보여준다. 바울은 "이는 내가 꺼리지 않고 하나님의 뜻을 다 여러분에게 전하였음이라"고 말한다. 그리고 그들에게 권면한다. "여러분은 자기를 위하여 또는 온 양 떼를 위하여 삼가라 성령이 그들 가운데 여러분을 감독자로 삼고 하나님이 자기 피로 사신 교회를 보살피게 하셨느니라"(행 20:27-28). 장로는 성경을 교육해야 한다. 이것이 매우 중요하다. 그래서 바울은 하나님의 모든 계획을 설교한다. 강연자, 팟캐스트 설교자, 정보 창구에 서 있는 사람도 하나님의 계획을 선포할 수는 있다. 바울은 더 개인적으로 관계하고 있으며, 마음속에 책임감이 있다. 장로들은 성경을 가르쳐야 한다. 그러나 그들은 또한 성령께서 그들에게 맡기신 특정한 양 떼를 지키고 보살펴야 한다.

하나님은 기독교인들이 각자 알아서 살도록 계획하지 않으셨다. 그래서 하나님은 우리에게 목자를 주신 것이다. 목자는 가르치는 것만 하지 않는다. 목자는 또한 감독하는 사람이다. 회심한 양은 혼자 돌아다니지 않아야 한다. 우리는 타락하고 늑대가 우글거리는 세상에 산다(행 20:29-30을 보라). 양은 그들을 보호해 줄 목자가 있는 양 무리 안에 있어야 한다. 마치 늑대가 없다는 듯, 양이 혼자 지내는 것은 거만하고 어리석은 일이다.

- **회원: 서로에게 진리를 말하는 사람**

양은 서로를 돌보고 가르쳐야 할 의무가 있는데, 이것은 가르침이 기본적으로 교회 안에서 책임감 있게 행해져야 한다는 것을 의미한다. 온 회중은 서로를 거룩하게 구별하고 지켜야 한다. 예수님은 만일 내 형제가 범죄하거든 그 사람과만 상대하라고 권고하신다(마 18:15). 바울은 "그리스도의 말씀이 너희 속에 풍성히 거하여 모든 지혜로 피차 가르치며 권면"하라고 권고한다(골 3:16). 또한 바울은 "그런즉 거짓을 버리고 각각 그 이웃과 더불어 참된 것을 말하라 이는 우리가 서로 지체가 됨이라"고 가르친다(엡 4:25). 그리고 우리는 "오직 덕을 세우는 데 소용되는 대로 선한 말을 하여 듣는 자들에게 은혜를 끼치게" 해야 한다(엡 4:29). 양은 서로를 먹여야 한다(고전 12, 14장). 그리고 서로가 교회 안에서 복음을 지켜야 한다(갈 1:6-9; 딤후 4:3의 부정적 사례).

  양이 완벽한 분별력을 가질 수는 없다. 그래서 우리는 서로를 필요로 한다. 교회에 충성스러운 장로와 회중이 복음을 수호하기 위해 함께 일해야 하는 이유가 바로 이것이다. 흩어져 사는 그리스도인들이 자신을 제외하고 다른 누군가를 책임지지 않으면서 어떻게 복음을 지키겠는가? 교회는 진리의 기둥이며 기초이다(딤전 3:15).

6장
교회 회원 됨과 자발적 헌신

  당신이 내가 목회하고 있는 교회에 온다면, 부목사나 내가 교회 등록을 위한 상담을 할 것이다. 나는 당신의 주소, 직업, 가족에 대해 물을 것이다. 그리고 당신이 어떻게 그리스도인이 되었는지 물을 것이다. 마지막으로 복음에 대해 1분 이내로 설명해 보라고 요청할 것이다.

  복음이 하나님, 인간, 그리스도, 그리고 필요한 반응에 대해서 무엇을 말하는지에 대한 당신의 기초 지식을 설명할 수 있기를 바란다. 하나님은 선하시기에 우리를 선하게 창조하셨다. 그러나 우리는 하나님께 범죄했다. 우리는 하나님의 심판을 받게 되었다. 그래서 그리스도가 오셔서 의롭게 사셨고, 우리 죄를 대신해 수치스러운 죽임을 당하셨다. 그리스도가 우리 죄를 대속하시려고 하나님의 심판을 받으셨다. 그리고 죄와 죽음을 이기시고 다시 부활하셨다. 그리스도는 이제 회개하고 믿는 모든 사람에게 구원을 주신다.

  만약 당신이 무언가를 빠트리고 답변한다면, 나는 분명히 하기 위해 한두 가지를 더 질문할 것이다. 사람들은 예수님이 죄를 용서하시기 위해 십자가에서 죽으셨다고 말한다. 그러나 종종 그들은 부활을 잊어버린다. 이렇게 질문해 보자. "그리스도가 아직도 무덤 안에 계신가?" "절대로 그렇지 않다."

  그것보다 사람들이 더 자주 빼 먹는 것은 회개에 관한 것이다. 그래서 나는 이렇게 질문해 보려고 한다. "당신에게 그리스도인 친구가 있는데, 그가 여자 친구와 같이 산다면 무엇이라고 말하겠는가?" 이런 경우, 그 친구가 남자든 여자든 자신을 그리스도인이라고 부르지 않아야 하며, 여전히 죄를 회개하지 않고 산다고 말해야 한다.

예수님은 마음으로 결정하는 것만이 아닌 삶으로 보여주는 제자를 원하신다. 예수님은 사람들이 성경의 가르침에 따라 살기를 원하신다.

마태복음 28장의 마지막 명령을 다시 살펴보자: 가라, 제자 삼으라, 침례(세례)를 주라, 그리고 "내가 너희에게 분부한 모든 것을 가르"치라. 이것이 전부인가? 아니다. 예수님이 마태복음에서 제자들에게 하셨던 마지막 명령은 바로 이것이다: "내가 너희에게 분부한 모든 것을 가르쳐 **지키게 하라**"(20절).

대위임령은 예수님의 명령을 교회에 가르치고, 그분의 명령에 순종하도록 사람들을 가르치라고 말한다. 이것이 바로 제자가 되고 그리스도인이 된다는 뜻이다. 제자가 되지 않으면 그리스도인이 될 수 없다.

단순히 그리스도인이 되겠다고 결정하는 사람이 아니라 제자를 만들기 위해서 사도들은 제자를 양육하는 교회를 세워 복음을 전파했다. 내가 여러 차례 이것을 이야기하고 있다. 교회를 세우고 제자가 된다는 것은 성경의 가르침대로 순종하겠다는 자의적 헌신과 관련이 있다.

이제 교회의 회원 됨이라는 주제로 넘어가 보자.

· **회원 됨의 삼각형**

나는 회원 됨의 삼각형을 가지고 성경적인 교회의 회원 됨을 설명하고는 한다. 삼각형의 세 지점에는 당신(그리스도인 개인), 전체 회중, 그리고 목사나 장로가 있다. 신약성경은 명령과 의무, 그리고 삼각형의 두 지점 사이의 관계를 설명하는 임무들로 가득 차 있다. 한 사람이 교회 회원이 되지 않고 이 모든 명령을 수행하는 것은 불가능하다.

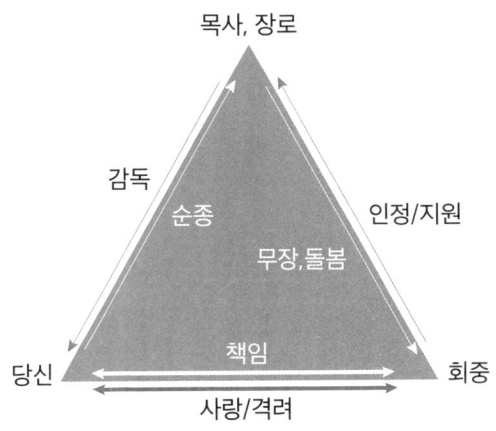

목사부터 살펴보자. 히브리서 13:17에서 목사는 "그들은 여러분의 영혼을 지키는 사람들이요, 이 일을 장차 하나님께 보고드릴 사람들입니다"(새번역)라고 말한다. 목사들은 하나님께 보고를 드려야 한다. 누구에 대한 보고인가? 목사는 세상 모든 그리스도인에 대해 보고해야 하는가? 그렇지 않다. 그렇다면 모든 도시 그리스도인에 대해서인가? 그것도 아니다. 목사는 자기 교회의 성도에 대해서 보고해야 한다(약 3:1을 보라). 이것은 목사가 자신이 목회하는 교회의 전 교인과(행 20:28; 엡 4:11f; 벧전 5:2-3), 그 교회의 특정 개인들을 돌보아야 한다는 것을 의미한다(히 13:17을 보라). 목사는 개별 그리스도인을 책임져야 하며, 전체 회중에 대해서도 책임이 있다. 신실한 목사는 모두를 돌보아야 한다.

삼각형의 다른 지점에서 다른 두 지점을 볼 때도 이것은 동일하게 적

용된다. 그리스도인은 모든 목사가 아닌 특정 목사에게 순종해야 한다(살전 5:12-13; 히 13:7, 17). 목사도 특정 그리스도인 회중을 사랑하고 격려해야 한다(마 18:15-17; 롬 14:19; 고후 2:6; 히 10:22-25; 요일 1:3-4; cf. 요 13:34-35).

마지막으로 세 번째 부류인 회중은 특정 목사를 인정해야 하고, 그들을 지원할 책임이 있다(롬 10:15; 15:30; 고전 9:14; 갈 6:6; 빌 2:29; 살전 5:12-13; 딤전 4:3; 5:17-20; 마 10:10과 비교하라). 그리고 회중은 개별 그리스도인을 사랑하고 격려할 책임이 있다(마 18:17; 고전 5:12).

신약성경은 이들 세 무리에 해당하는 사람들의 의무에 대해서 언급한다. 당신은 이번 주말 오후에 사도행전을 읽으면서 그 의무들을 수행하면서 시간을 보내게 될 수도 있다.

· **자발적 헌신**

더 확실한 것은 교회 회원 됨에 대한 자발적 헌신이 없다면 신약성경의 이와 같은 명령을 수행할 수 없다는 것이다(빌 2:8; 롬 12:3, 16을 보라).

신약성경은 그리스도인들이 서로 사랑할 것을 요구한다(고전 14:1; 요 13:34-35). 신약성경은 우리 자신과 서로를 돌아보라고 말씀한다(계 3:17; 고후 13:5; 갈 5:19-23; 요일 3:14; 4:1-3, 20-21). 우리가 지도자에게 순복해야 한다고도 말씀한다(살전 5:12-13; 히 13:7, 17; 벧전 5:5). 이런 것들은 단지 친구들과의 관계 속에서 생겨나는 것이 아니다. 이교도들도 친구는 있다. 이것은 지역 교회 안에서 일어난다. 자발적 회원 됨은 성경적인 제자 됨을 위해 필요하다. 그리고 그것은 우리의 제자 됨에 있어서 하나의 특별한 형태를 부여한다.

우리가 대위임령을 수행하기 원한다면 일반적으로 어떤 형태로든 교회 개척 사역을 추구해야 한다. 자발적 헌신을 하는 사람들을 양성하기 위해 우리는 제자를 만들고 예수님께서 말씀하신 모든 것에 순종하도록 사람들을 가르쳐야 한다.

· 주님의 명령과 성례전

대위임령이 자발적인 결단을 요구하는가? 그렇다. 다시 말해서 그것은 침례(세례)를 통해 이루어진다.

침례(세례)를 받는 순간 어떤 일이 일어나는가? 침례(세례)를 주는 사람과 받는 사람이 동일하게 그리스도를 고백하고, 한 사람이 예수님의 이름표를 달고 있는 다른 사람에게 합류한다는 것에 동의해야 한다. 여기에는 서로의 암묵적인 확인이 있다는 점에 주목하라. 우리가 그리스도와 하나가 된다는 것은, 다른 사람과도 하나가 된다는 것이다. 마치 부모가 같은 두 자녀가 서로를 한 핏줄이라고 인식하는 것과 같다.

주의 만찬은 가시적이며 지속적으로 이것을 확인하도록 만든다. 잔과 떡을 통해 우리는 그리스도의 피와 몸에 참여한다(고전 10:16). 바울은 "떡이 하나요 많은 우리가 한 몸이니 이는 우리가 다 한 떡에 참여함이라"고 말한다(고전 10:17). 그러므로 우리는 "주의 몸을 분별하지 못하고 먹고 마시"지 말아야 한다(고전 11:29).

성례전은 사적이고 신비로운 체험이 아니다. 성례전은 우리가 그리스도와 서로에게 자발적으로 헌신하게 하시려고 주님께서 허락하신 것이다.

대위임령은 개인 전도와 선교 이상의 것이다. 대위임령은 침례(세례)와 주의 만찬을 통해 교회 회원이 되고 그리스도와 서로에게 책임을 지는, 교회를 세우는 것에 관한 것이다.

7장
대위임령에 순종하는 교회의 네 가지 실천

대위임령은 교회에게 도로교통공단처럼 일하라고 하지 않는다. 정보 창구처럼 일하라고 요구하지도 않는다. 이것이 앞 장의 결론이었다. 이제 나는 당신을 위해 더 많은 이야기를 해 보려고 한다. 대위임령은 교회에게 프로 스포츠 팀처럼 움직이라고 요구하지 않는다.

우리 교회 직원들은 스포츠 규칙을 잘 모르는 나를 놀리고 싶어 한다. 그러나 나는 모든 팀의 목표가 일등이라는 것은 안다. 각 팀은 리그에서 우승 트로피를 차지하기 위해 최고의 선수를 영입하고, 최상의 훈련 시설을 구축하고, 코칭스태프를 최대한 활용하려 할 것이다. 물론 상대 팀이 있어야 한다. 경쟁할 팀이 없다면 경기를 할 수 없기 때문이다. 어찌 되었든 팀의 주요한 목표는 상대 팀을 이기는 것이다.

나는 많은 교회가 드러내 놓고 "다른 교회들을 이겨야 한다"고 생각한다는 점에 대해 회의가 든다. 우리 팀이 최상의 컨디션을 갖추고 있는지 몇 가지 진단 질문을 해 보자.

- 당신은 최고의 선수를 다른 교회로 기쁘게 보낼 수 있는가?
- 부흥을 위해 기도했는데, 주변의 다른 교회가 부흥하면 당신은 기뻐하는가? (이 질문에 대해서는 앤디 제이슨에게 감사한다).
- 당신은 도시의 다른 교회뿐만 아니라 인근 교회를 위해 지속적으로 기도하는가?

• 당신은 한 도시나, 국내 및 해외에 오래된 교회가 부흥하고 신생 교회가 성장할 수 있도록 재정의 일부를 제공할 수 있는가?

복음주의 교회들 사이에 자주 이런 경쟁심이 있었다. 그러나 대위임령에 순종하는 교회는 복음을 전하는 다른 교회와 경쟁하지 않는다. 복음을 전하는 모든 교회가 **한 팀으로 뛰고 있다**는 것을 알기 때문이다.

· 대위임령에 순종하는 교회 = 교회를 개척하는 교회

넓은 의미에서, 대위임령에 순종하는 교회는 복음을 전하고 제자 삼는 교회이다. 그리고 대위임령 교회는 교회를 개척하고 교회를 부흥시키는 교회이다. 그런 교회는 자신들의 사역을 통해 하나님 나라가 성장하는 것을 보고 싶어 한다. 또한 다른 교회들을 통해 장벽을 초월하여 확장되는 하나님 나라를 보기 원한다.

대위임령에 순종하는 교회는 믿지 않는 사람들에게 가서 그들을 교회로 인도하기 위한 다양한 복음 전도 활동에 관심이 있다. 대위임령에 순종하는 교회는 또한 다른 지역 교회들을 세우고 후원하는 일에 최대한의 노력을 기울이고 싶어 한다. 이런 교회는 자신의 교회가 건강해지는 것으로 만족하지 않는다. 대위임령에 순종하는 교회는 건강하고, 성경 말씀을 믿으며, 복음을 전하는 회중이 많아지기를 원한다.

대위임령에 순종하는 다른 복음주의 교회들이 자신의 교회와 좀 멀리 떨어져 있더라도 그들을 격려하고 개척한다. 그 교회들의 이름을 불러가며 기도한다. 그 교회들을 도울 사람을 보내고 싶어 한다. 이런 교회는 또한 세상 반대편 구석에까지 가서 교회를 개척하고 세운다.

대위임령에 순종하는 교회는 장로가 될 자격이 있는 사람을 세우기 위해 노력하고 기도한다. 그리고 사심 없이 그 사람을 파송한다.

대위임령에 순종하는 교회는 대위임령을 우선적으로 수행하기 위해 재정을 별도로 책정한다. 일부 재정은 교회 자체 건물을 위해 사용한다. 그러나 일부 재정은 국내나 해외의 다른 사역을 돕는 데 사용한다.

대위임령에 순종하는 교회는 어디서든 죽어가는 교회를 다시 세우기 위해 일한다.

대위임령에 순종하는 교회는 자신들의 공동체 안에서 다른 복음주의 교회들과 함께 일하기 위해 다양한 방식을 사용한다. 이런 교회의 성도와 지도자들은 많은 사람이 굶고 있는 지역에 새로운 식당을 개업하는 것만큼이나 복음을 전하는 교회가 생겨나는 것을 기뻐한다.

그렇다면 대위임령에 순종하는 교회는 무엇을 하는가? 다섯 가지 전략적인 단계를 제시하려고 한다. 네 가지는 이번 장에서, 그리고 마지막 한 가지는 다음 장에서 다룰 것이다.

· **제자 삼는 문화를 만들라**

첫째, 대위임령에 순종하는 교회는 교회 안에서 제자 삼는 문화를 만들어 갈 것이다. 그것은 모든 회원이 다른 성도를 믿음 안에서 성장하도록 도와야 한다는 책임감을 가지게 만든다. 바울은 목사가 목회 사역을 위해 성도를 준비시킨다고 말한다(엡 4:11-12). 이것은 모든 성도가 목회 사역을 감당해야 한다는 것을 의미한다. 온 몸은 사랑 안에서 진리를 말하며, 각 지체의 분량대로 역사하여, 그 몸을 스스로 자라게 한다(엡 4:15-16; 고전 12, 14장을 보라).

제자가 **된다는 것**은 예수님을 따르는 것이다. **제자를 삼는 것**은 또한 다른 사람이 예수님을 따르도록 돕는 것이다(딤후 2:2). 대위임령에 순종하는 교회 안에서, 오랫동안 신앙생활을 한 나이가 많은 남성은 젊은 남자를 제자 훈련한다. 그리고 젊은 여자들은 **나이가 많은** 여자를 찾는다. 예를 들어, 당신이 독신 여성이라면, 교회에서 입주 도우미로 봉사하고 빨래를 해 주면서 많은 것을 질문할 수 있게 된다. 당신이 장년 주일학교에서 교사로 섬기는 평신도 장로라면, 당신은 분명히 다음 세대 교사를 모집할 것이다. 당신의 목표는 그를 훈련해서 그에게 당신이 하고 있는 가르치는 사역을 물려주는 것이다. 그런 다음 당신은 또 다른 성경 공부반을 만들어, 또 다른 젊은 교사를 만들어 간다.

대위임령에 순종하는 교회는 "가라"고 하신 예수님의 명령 때문에 타문화권 사역에도 민감하다. 국내에 남아 있는 사람에게 "가는" 것은 교회 근처나 성도들이 사는 곳으로 가는 것을 의미한다. 이것은 주중에 이웃을 위해 사역하기에는 아주 쉬운 방법이다. 당신은 어디에 사는가? 당신이 아파트 전세를 구하거나 집을 사기로 결정한 그 지역에 있는 교회에서 제자 삼는 문화를 만들고 있는가?

대위임령에 순종하는 교회는 명목상의 그리스도인을 다소 불편하거나 화나게 만들 수도 있다. 당신이 종교적인 의무에 따라 주일날 한 번 교회에 방문하는 사람이라면 그런 교회를 좋아하지 않을 것이다. 교회가 당신을 환영은 하겠지만, 교회 회원들은 당신과 같은 사람들이 전혀 아닐 것이다. 그들은 예수를 따르기 위해 자신의 삶 전부를 드리고 있다. 그리고 다른 사람들이 예수를 따르도록 돕는다. 그런 헌신과 행동이 바로 제자 삼은 문화이다. 그런 문화는 의도적인 질문들, 의미 있는 대화들, 기도, 그리고 복음에 대해 계속해서 생각하게 한다.

이 주제에 대한 더 많은 논의를 위해 로버트 콜먼(Robert Coleman)의 「주님의 전도 계획」(Master Plan of Evangelism), 콜린 마샬(Colin Mashall)과 토니 페인(Tony Payne)의 「격자와 덩굴」(The Trellis and the Vine), 그리고 내가 쓴 「제자 훈련」(Discipling)를 참고하라.

· **복음을 전하는 문화를 만들라**

둘째, 대위임령에 순종하는 교회는 복음을 전하는 문화를 만들어 간다. 교인들은 복음이 매주 예배에서 선포될 것을 안다. 그래서 그들은 불신자 친구들을 초청하고 싶어 한다. 복음은 찬양, 기도, 모든 설교를 통해 퍼져 나간다.

당신 교회에 온 불신자들이 복음을 들을 수 있을 것이라고 확신하는가? 그러지 못하다면, 당신은 그들을 위해 무엇을 할 수 있는가?

즉, 대위임령에 순종하는 교회는 교인들이 복음을 전하도록 훈련한다. 왜냐하면 대위임령에 순종하는 교회는 교인들이 교회가 수용할 수 있는 사람들보다 더 많은 불신자를 주중에 만나게 될 것을 알기 때문이다. 그렇기 때문에 복음 전도에 있어서 "성공"은 단순히 불신자 친구를 교회로 인도해 복음을 듣게 하는 것이 아니다. 진정한 의미의 성공이란 불신자 이웃이나 친구들에게 자신이 직접 복음을 나누는 것이다.

그래서 교회는 교인들이 복음을 전하도록 준비시키려고 한다. 그러면 그들은 다른 사람들에게 복음을 전하는 방법을 알게 된다. 우리 교회는 복음 전도에 헌신한 장년 주일학교를 통해 이 사역을 한다. 나는 설교에서 비기독교인들과 대화하는 방법, 특히 비기독교인을 대하는 방법을 모델로 보여주려고 노력한다. 우리는 "두 가지 생활 방법" 같은 복음 전도 도구나 "기독교 설명" 혹은 "기독교 탐구"와 같은 자료를 제공함으로써 교인들을 준비시킨다. 우리는 비기독교인 친구들에게 그렉 길버트(Greg Gilbert)의 「예수는 누구신가?」(Who is Jesus?)라는 소책자를 나누어 준다. 우리는 또한 주일 저녁 모임에서 복음 전도의 기회에 대해 나눈다. 사람들은 다른 교인들의 복음 전도 기회에 대해 듣고 기도하면서 자신들도 역시 복음을 전해야겠다는 도전을 받는다.

대위임령에 순종하는 교회가 당신에게 의미하는 것은 무엇인가? 그것은 예수님이 당신을 제자 삼는 일로 부르셨다는 것을 의미한다. 당신은 가정, 직장, 이웃, 친구들 사이에서 개인적으로 제자를 삼아야 한다. 당신은 이 일을 교회 안에서, 그리고 교회를 통해서 해야 한다.

당신의 교회 동료가 당신을 도울 수 있도록 하라. 장로를 점심에 초대하고 상담을 요청하라. 당신의 소그룹과 그것을 나누고 함께 기도하라. 당신의 친구들과 가서 복음을 전하라.

이것에 대한 더 많은 논의에 대해서는 맥 스타일스(Mack Stiles)가 쓴 책을 보라. 특별히 「전도: 어떻게 교회가 예수를 이야기하는가」 (Evangelism: How the Whole Church Speaks of Jesus) 혹은 내가 쓴 「복음과 개인 전도」(The Gospel and Personal Evangelism)를 참고하라.

· **미전도 종족을 대상으로 선교하라**

셋째, 대위임령에 순종하는 교회는 미전도 종족을 대상으로 선교한다. 선교와 국내 복음 전도, 혹은 교회 개척의 차이가 무엇인가? 정말로 선교는 민족, 문화, 그리고 국경을 넘어 복음을 전하고 교회를 개척하는 것에 국한한 것인가?

예수님은 우리에게 "가서 제자 삼으라"고 명령하신다. 나는 이 주제에 대해 많은 이야기를 하지 않았다. 왜냐하면 이 주제를 다루고 있는 책이 너무도 많기 때문이다. 그런데도 어떤 교회는 이 명령을 알면서도 이전에 한 번도 복음을 들어보지 못한 미전도 종족에게 가서 복음을 전하려고 하지 않는다. 참 이해할 수 없는 일이다.

교회가 지구상의 모든 곳에 갈 수는 없다. 그래서 교회의 선교에 대한 관심을 몇 개 지역에 집중하는 것이 현명하다. 예를 들어, 우리 교회는 "10/40 창문"이라고 불리는 몇 나라에 집중한다. 10/40 창문은 북위 10도부터 40도 사이의 동반구지역이다.[4] 그곳은 세계에서 기독교인 비율이 가장 낮은 지역이다.

만약 당신이 우리 교회의 교인이고 선교에 관심이 있다면, 그리고 교회가 이미 사역하고 있는 지역으로 선교하러 가고 싶다면 교회는 더 많은 정보를 당신에게 제공할 수 있을 것이다. 우리 교회가 수백 군데로 나가는 수백 명을 후원할 수는 없다. 우리는 많은 선교사에게 조금씩 후원하는 것보다 소수의 선교사에게 충분하게 후원하는 것을 선호한다. 그것은 우리 교회의 후원 선교사들이 선교비 모금보다는 교회 개척에 더 많은 시간을 투자할 수 있도록 도와준다. 그렇게 함으로써 우리가 선교사들과 관계를 맺을 수 있고 책임감도 가지게 된다.

우리 교회는 선교사와 직접적으로 사역한다. 그리고 미남침례교의 국제선교부(IMB)와 같은 선교 기관과 동역한다. 우리는 또한 엑세스 파트너스(Access Partners) 같은 단체와도 함께 사역한다. 엑세스 파트너

---

[4] 동반구는 그리니치 천문대(Greenwich Observatory)를 지나는 본초 자오선을 기준으로 동쪽 반구를 말하며, 아시아, 아프리카, 오세아니아, 유럽을 포함한다. 전 세계 인구의 85%가 이 지역에 산다(역자 주).

스는 열방의 전략적 요충지에 사업가들을 그들의 사업 분야로 파견하여, 그 지역에서 사역하는 장기 선교사를 돕는다.

그리스도인은 자신의 교회가 수행하고 있는 미전도 종족 선교를 돕기 위해 어떤 역할을 해야 하는가? 우선, 교회가 파송하거나 후원하는 선교사들을 위해 기도해야 한다. 그들이 안식년 중일 때 그들에 대해 더 많이 알아보라. 장기 선교사를 도울 수 있는 단기 선교 여행을 알아보라. 선교사 전기를 읽으라. 떠나는 문제에 대해 생각해 보라. 앞으로 이어지는 두 장에서 이 질문에 대해 다루려고 한다.

당신과 당신의 교회가 미전도 종족에게 선교하기 위해 할 수 있는 마지막 일이 있다. 당신이 사는 도시에 있는 외국인들을 찾아 보라. 우리 교회도 열심히 유학생들에게 복음을 전하려고 한다. 당신이 사는 도시에 어떤 유학생들이 살고 있는가? 당신이 해외에서 온 유학생들에게 복음을 전한다면, 그들이 모국으로 돌아가 다시 복음을 전하게 될 것이다. 이것은 복음이 확산될 수 있는 아주 좋은 기회이다.

이 주제에 대해서는 존 파이퍼(John Piper)의 책 「열방을 향해 가라」(Let the Nations be Glad)를 읽어 보라.

· **다른 교회들을 강화하기 위해 일하라**

교회는 보통 예산선을 가지고 있다.[5] 나는 "건강한 교회 만들기" 예산선도 추가할 만한 가치가 있다고 생각한다. 다른 교회를 강화하는 일은 대위임령에 순종하는 교회의 네 번째 실천 과제이다.

우리 교회는 목회실습 프로그램 같은 다양한 일을 지원하기 위해 이

---
5 예산선이란 일정한 소득으로 선택 가능한 재화의 묶음을 나타내는 선이다(역자 주).

예산선을 사용한다. 우리는 일 년에 열두 명의 목회 실습생에게 월급을 준다. 그들 대부분은 목회를 그만두거나 다른 교회를 섬기게 된다.

우리는 또한 건강한 교회를 세우기 위해 만들어진 9 Marks 사역을 지원하기 위해 이 예산선을 사용한다.

우리는 계획적으로 훈련을 받고 파송될 직원을 뽑는다. 목회 협력자들은 2-3년간 교회를 섬기다가 떠날 것이다. 부목사들은 3-5년 동안 우리 교회를 섬기다가 떠난다. 나와 협력목사들(직원이 아닌 목사와 장로)만 오랫동안 교회에 남아 있다. 우리는 나머지 스태프들이 떠나도록 준비시킨다.

우리 교회는 주말 컨퍼런스를 지원한다. 전 세계 목회자들이 몇 개의 특강이나 질의응답 시간, 그리고 정기적으로 계획된 모임에 참석한다. 나는 또한 주중에 전화로 같은 목적을 가진 전 세계 목회자들과의 여러 네트워크에 참여한다. 이런 대화들은 나에게 세계의 건강한 교회를 위해 기도하고 사역할 수 있는 기회를 준다.

우리는 교회 개척과 교회 회복을 통해 다른 교회를 강화한다. 그런 사역 대부분은 우리 지역 내에서 이루어지는데, 이것은 다음 장에서 다루려고 한다(다음 장 전체가 이번 장의 확장이다). 우리는 또한 전 세계 곳곳에서도 교회를 개척하고 회복시키는 일을 한다. 예를 들어, 우리는 존 형제를 아랍에미레이트(UAE)의 두바이에 있는 교회로 보냈다. 그 교회는 10년 전에 목회자를 찾고 있었다. 하나님은 그 국제 교회를 부흥시키기 위해 놀라운 방법으로 존을 사용하셨다. 내 오랜 친구이며, 그 교회의 핵심 장로 중 한 명인 맥이 존을 그곳에 오도록 도왔다. 존과 맥이 그 교회를 건강하게 만들었을 때, 맥과 또 다른 형제 데이브는 교회를 떠나 30분 정도 떨어진 곳에 교회를 개척했다. 우리는 또한 이

전 목회 비서와 인턴을 보내 맥과 데이브의 사역을 돕도록 했다. 동시에 우리는 이전 목회 인턴을 보내 아랍에미레이트의 다른 도시에 새로운 교회를 세우도록 했다.

이제 우리에게는 무슬림 국가에 세워져 활동하고 있는 세 개의 건강한 교회가 있다. 이들 중 어떤 것도 우리 계획에서 비롯한 것은 없다. 사실, 한 번의 교회 회복과 두 번의 개척이 우리에 의해 시작된 것은 아니다. 우리는 단지 기도하고 돕고 재정과 사람을 지원하기 위해 거기에 있었을 뿐이다. 어쨌든 우리 교회 성도 중 몇 명은 그들 교회를 돕기 위해 자신들의 직장을 아랍에미레이트로 옮겼다. 우리 교회가 해외에서 하나님 나라가 확산되는 것을 보는 기쁨은 어떤 특별한 방법에 의해 얻어진 것이 아니다.

이런 여러 사례는 내가 목사로서 경험했던 것들이다. 그러나 당신이 평범한 교회 회원이라면, 무엇으로 당신이 사는 지역이나 해외에 있는 다른 교회를 강하게 만들 수 있겠는가? 확실한 것은, 당신이 개인적으로 다른 사역을 위해 기도할 수 있다는 사실이다. 당신은 저녁 식사 시간에 가족과 함께 다른 사역을 위해 기도할 수 있다. 당신은 재정적으로 다른 사역을 도울 수도 있다.

당신은 다른 교회를 함부로 비판하지 말아야 한다. 당신 교회의 관행이나 부차적인 교리가 다른 교회 교인들과 다를 수 있다. 우리가 서로 불일치하는 영역에는 어쩔 수 없는 이유가 있기 마련이다. 그러나 당신의 교회가 다른 교회와 동의할 수 없는 부차적인 문제는 우리가 나누어야 할 복음만큼 중요하지 않다는 것을 명심하라. 비판의 영을 경계하고, 함께 복음 전하는 것으로 인해 기뻐할 방법을 찾으라(눅

11:49-50을 보라). 예수님은 제자들을 향하여 지나치게 편협해지지 말라고 경고하신다.

마지막으로 당신은 가거나 보내는 사람이 되어야 한다. 우리는 그 질문에 대해서 생각할 수 있도록 돕기 위해 9장을 할애할 것이다. 그러나 우선, 당신의 지역 교회에서 다른 교회를 돕는 일에 대한 논의를 8장에서 계속해 보자.

8장
대위임령에 순종하는 교회의 다섯 번째 실천

나는 가끔 우리 교회가 사람들을 영적으로 양육해야 한다고 말한다. 그들이 우리 교회에 다닐 필요는 없다. 우리가 사는 도시에는 그들이 갈 수 있는 좋은 교회들이 많다. 우리는 열방의 사람들이 영적인 결핍에서 벗어나기를 원할 뿐이다.

대위임령에 순종하는 교회는 지역 내에서 도움이 필요한 교회가 있는지 살펴보려고 한다. 어려움을 겪고 있는 교회가 분명히 있을 것이다. 심지어는 잘못된 복음을 가르치고 실천하는 교회도 있을 것이다. 상황이 어떻든 우리는 그들이 그리스도께로 다시 돌아오기를 원한다. 건강하지 않은 교회는 반기독교적인 공동체로부터 비난을 받고 있을 수도 있다. 대위임령에 순종하는 그런 교회들의 평판이 좋아지도록 도우려고 한다. 그것은 단순히 옆에 새로운 교회를 개척하는 것이 아니다. 그것은 앞선 세대의 잘못된 그리스도인들이 무너뜨렸던 것을 다시 세우는 것이다.

당신 주변 도시나 도시 외곽 지역에 복음을 전하지 않은 교회가 있을 수도 있다. 그곳은 새로운 교회 개척이 필요하다. 당신의 교회가 무엇을 도울 수 있겠는가?

· 지금 당신이 있는 곳에서 복음을 전하라

우리는 앞 장에서 대위임령에 순종하는 교회의 네 가지 실천에 대해 살펴보았다. 나는 다섯 번째 실천을 별도의 장에서 따로 다루기로 했다. 그것이 다른 네 가지보다 더 중요하기 때문이 아니다. 복음주의자들이 이것을 자주 이야기하지 않기 때문이다. 대위임령에 순종하는 교회는 지금 당신이 있는 곳에서 복음을 전하도록 장려한다.

나는 지난 20년 이상 워싱턴에서 하나님께서 하신 일에 감사한다. 내가 20년 전에 이 도시에 도착했을 때, 내가 누군가에게 추천할 만큼 건강하게 복음을 전하는 교회가 캐피톨 힐(Capitol Hill)에 그렇게 많지 않았다. 그러나 지금은 추천할 만한 교회가 여섯 개나 된다. 워싱턴 D.C. 지역에는 더 많이 있다. 우리 교회의 "협력 교회들"은 우리 교회 홈페이지나 교회 출입문에 걸려 있는 현수막에 적혀 있다. 우리 교회를 좋아하지 않거나 차를 운전해서 오기에 너무 먼 거리에 사는 사람들은 이들 협력 교회 중 한 교회로 가려고 할 것이다.

우리는 서로가 조금씩 다르다. 그러나 동일한 복음을 선포한다. 우리는 은혜와 자비의 하나님께서 캐피톨 힐과 워싱턴 D.C.에 부어 주신 축복으로 인해 기뻐한다. 우리는 복음을 전할 수 있는 충분한 시간이 있다. 더 해야 할 일이 있는가? 그렇다. 그러나 먼저 하나님께서 그동안 하셨던 일로 인해 감사하라.

하나님은 계속해서 일하신다. 심지어 교회가 모두 문을 닫아도 하나님은 계속해서 일하신다. 바울은 "하나님의 말씀은 매이지 아니"한다고 말한다(딤후 2:9). 바울이 이 말을 했을 때 그가 감옥에 있었다는 것을 생각해 보라. 바울의 동료들 중 몇몇은 복음의 진보가 느려질 것이라고 생각했다. 바울은 말한다. "걱정할 것 없다. 하나님 말씀은 매이지 않는다. 하나님 말씀은 자유롭게 움직인다. 하나님 말씀은 감옥에서도 자유롭다."

기독교가 지난 20년 여 동안 네팔에서 한 일을 보라. 기독교는 역사적으로 힌두 국가에서는 불법이었다. 심각한 박해가 있었고, 많은 기독교인이 감옥에 갇혔다. 그러나 어떤 일이 일어났는지 보라. 감옥에 갇혀 있던 기독교인들은 복음을 나누기 시작했다. 감옥 제도는 기독교인들이 온 나라에 복음을 전하는 방법이 되었다. 이런 일들은 기독교 역사 속에서 계속해서 일어나고 있다. 하나님 말씀은 계속해서 전파되고 있다.

우리는 내 교회의 부흥만을 생각하지 않고, 복음을 도시 전체로 확산시킬 수 있는 방법을 찾아야 한다.

· **교회 개척과 교회 회복**

우리 지역에서 복음이 계속해서 확산하도록 만들 수 있는 가장 중요한 방법은 죽어가는 교회를 살리고 새로운 교회를 세우는 것이다.

교회 회복은 힘들 수 있다. 교회가 쇠퇴하는 데는 이유가 있는데, 그 중 몇 가지는 교회 회원들에게서 비롯했을 가능성이 있다. 죽어가는 교회로 들어가 그들을 건강한 교회로 이끌 특별한 사람이 필요하다. 그리고 그 교회는 도움을 받을 수 있는 곳에 있어야 한다.

쇠퇴하는 교회들은 한 번 이상 다음과 같은 선택에 직면한다. 그들은 교단이나 교회 처소를 찾고 있는 다른 교회에 건물 증서와 열쇠를 넘겨줄 수 있다. 혹은 우리 교회로부터 다음과 같은 제안을 받기도 한다. "우리가 당신에게 교인 몇 명, 목사 한 명, 이 년 치 목회자 사례비를 제공할 것입니다. 그리고 당신의 이름과 건물을 그대로 유지할 수 있습니다. 우리는 당신 교회에 아무것도 요구하지 않을 것입니다. 모든 것은 당신 교회 소유입니다." 우리 교회가 목회자를 복음에 열심히 집중하고, 강해식으로 설교하며, 건강하게 교회를 사랑하도록 훈련하고 있었다는 것을 아는 사람은 많지 않다. 우리는 그것을 '비밀 작전실'(covert op)이라고 부른다.

이따금씩 우리 교회는 남자들과 교인들을 도시 외곽에 있는 교회로 보낸다. 그러면 그들이 교회에 오기 위해 차를 오랫동안 운전하지 않아도 된다. 가끔 집 근처에 쇠퇴해 가는 교회가 있을 수도 있다. 우리는 복음을 위해 우리가 가진 모든 기회를 활용한다.

동시에 우리는 근처에 새로운 교회를 세우고 싶어 한다. 최근 우리는 워싱턴 D.C.의 가난한 이웃에게 세 명의 장로와 함께 쉰 명의 교인을 파송했다. 장로 대표인 타비티 형제가 교회 개척을 주도하면서 여섯 달 동안 강단에서 여섯 번 설교했다. 그렇게 사람들은 우리 교회 안에서 그가 하나님의 말씀을 어떻게 다루는지 신뢰하도록 배우고, 그를 따르도록 도전받을 것이다. 처음에 그들은 학교에 모이면서 교회 자리를 찾을 것이다. 우리가 최선을 다해 도울 것이다. 내년에는 우리 교회가 더 많은 교인을 내보내게 될 것이다.

교회 회복이나 개척의 목표는 워싱턴 D.C.지역, 사람들이 사는 곳 주변에서 복음을 전하는 다양한 개인 전도자를 보는 것이다. 우리는 기독교인을 제자 삼는 문화를 만들라는 앞 장 논의처럼, 그리스도인들이 자신의 개인적인 삶과 교회를 더 쉽게 통합할 수 있기를 바란다.

· 기도, 교제 사역, 주요 세미나 등

우리가 지역 내에서 복음의 확산을 지원할 수 있는 다양한 방법이 있다. 매주 우리는 주요 모임에서 다른 교회 이름을 불러가며 기도한다. 우리는 비즈니스 공동체 안에서 점심 식사 대화를 통해 복음을 전하는 교회들과 협력한다. 우리는 또한 다른 교회 목사를 교회 기도 모임에 초청해 그들 교회를 위해 구체적으로 무엇을 기도해야 하는지 묻는다.

나는 콜롬비아침례교사역자협회(Columbia Baptist Minister's Association)를 시작했다. 거기서 나는 미국 남침례교 사역자들과 만난다. 매달 첫 번째 화요일에 만나 교제하며 서로 상담하고 기도한다. 우리 도시에서 일어나는 복음 사역에 대해 들으면서 얼마나 힘이 나고 격려를 받는지 모른다.

지난 몇 년 동안, 여러 젊은 교회 개척자들이 워싱턴 D.C.에 왔고, 우리 교회에 도움을 요청했다. 우리가 할 수 있다면 언제든 그들을 돕기를 원한다. 우리가 신뢰할 수 있는 사람이 있다면 우리는 교인을 보내줄 것이며, 그가 쉬어야 한다면 설교할 사람도 보낼 것이다. 이 지역의 다른 교회가 우리 교회를 자신들의 자원으로 보기를 바란다. 그들에게 아무것도 요구하지 않고 무한한 사랑과 돌봄을 주는 교회로 보게 만드는 것이다.

많은 사람이 워싱턴에서 잠깐 살다가 떠난다. 내가 이곳으로 처음 이사 왔을 때, 이 사람들을 사랑한다는 것이 마치 퍼레이드를 껴안는 것 같다고 생각했다. 이것은 감정적으로는 어려운 일일 수 있다. 그러나 이것은 또한 엄청난 기회이기도 하다. 우리는 이 기회를 최대한 활용하려고 노력한다. 예를 들어, 우리는 전통적인 장년 주일학교 프로그

램을 13주간의 주제별 "필수 세미나" 반으로 바꾸었다. 우리는 스스로 질문했다. 우리가 2-4년 동안 사람을 가르친다고 가정했을 때, 그리스도인의 삶을 위해 필요한 것은 무엇일까? 가장 기본적으로 무엇을 가르쳐야 하는가? 그런 고민을 통해 우리는 신앙의 기초, 단기 전도 수업, 장기 전도 수업, 성경 개론, 교회사, 조직신학, 성서신학, 성경 읽는 법, 영성훈련, 지도, 청혼과 결혼, 부모, 재정, 인간에 대한 두려움, 변증법, 정치에서의 기독교인, 남성과 여성 등의 성경 공부를 제공한다. 이 모든 것은 우리 교인들을 강하게 만들고 교회가 가야 할 방향을 준비시키는 방법이다.

만약 누군가 전체 교과 과정을 자신의 방법대로 하더라도 우리는 걱정하지 않는다. 우리는 단지 다른 사람을 붙잡고, 그 사람을 제자로 만들기 위해 그 방법을 사용하는 것뿐이다.

· 당신은?

위의 몇 가지 사례는 내가 목사로서 경험했던 것이다. 성경은 전체 교인이 궁극적으로 한 교회의 복음 사역에 책임이 있다는 것을 가르친다. 그것은 당신의 교회가 지역 사회에서 복음을 전하는 비전을 갖도록 돕는 역할을 해야 한다는 것을 의미한다.

한 가지 실질적인 문제는 당신이 현재 출석하는 교회에 남아서 지역 사회를 위한 교회 개척이나 회복 프로젝트를 할 것인지, 아니면 해외로 나가야 하는지를 결정하는 것이다. 많은 그리스도인들이 자신들의 교육이나 직업, 그리고 가족 상황에 무엇이 유익한지를 계산해서 떠날 것인지 남아 있을 것인지를 결정한다. 심지어 날씨, 출퇴근, 생활 양

식, 취미, 여가 생활을 근거로 결정하는 사람도 있다.

　당신이 그런 상황에 있다면, 예수님의 대위임령에 순종하는 결정을 해 보라. 당신에게 남겨진 삶 전부를 제자 삼으라는 주님의 명령을 수행하고 그분의 명령에 순종하도록 가르치는 일에 헌신해 보라. 당신이 인생에 있어서 중요한 결정을 할 때, 가능하면 먼저 교회를 정한 후 직업, 집, 학교와 같은 문제를 해결하라.

　당신이 대학 진학을 앞둔 고등학교 3학년 학생이라면, 나라에서 가장 훌륭한 교회 여섯 개를 적어 보라. 그리고 그 도시에 어떤 대학이 있는지 물어보라.

　당신이 사업가라면 당신 회사에 해외 지사가 있는지, 그리고 지사가 있는 도시에 당신의 도움이 필요한 교회나 선교 사역이 있는지 알아보라. 당신은 해외 지사로 파견 근무를 신청할 수 있을 것이다.

　당신이 퇴직했다면, 어떻게 그리고 어디에서 남은 인생을 보낼 것인지 생각해 보라.

　대위임령에 순종하려는 마음이 인생의 중대한 결정을 하는 당신의 사고방식을 바꾸어 줄 것이다. 이것에 대해서는 다음 장에서 살펴보기로 하자.

9장
머물러 있을 것인가, 떠날 것인가?

대위임령을 수행하기 위해 첫 번째 사도들은 **떠났다**. 그러나 그들은 계속해서 떠나지 않았다.

가끔 젊은 기독교인들은 "가라"는 명령을 듣는다. 그리고 그것을 기독교인의 삶에서 가장 기본적인 명령으로 취급한다. 그것은 매우 근시안적인 생각이다. 일단 가면 머물러 있어야 한다. 당신이 항상 가기만 한다면, 항공 마일리지를 적립하는 것 말고는 어떠한 일도 일어나지 않을 것이다. 그 **가는 것**이 의미가 있으려면 당신은 몇 주, 몇 년, 어쩌면 인생의 나머지 시간 동안 **머물러야** 한다.

모든 그리스도인은 복음이 전해지지 않은 곳으로 가서 교회 개척 팀에 소속되어야 하는지, 새로운 교회를 개척하거나 주변 교회의 회복을 돕는 팀에 참가해야 하는지, 그것도 아니면 현재 출석하는 교회에 머물러 있으면서 예배와 제자훈련, 그리고 선교사를 후원하면서 복음을 전해야 하는지를 고민한다.

세 가지 선택 모두 선한 것이다. 다만 당신이 누구인지, 그리고 주님께서 무엇으로 당신을 부르시는지에 따라 그 결정이 달라진다.

· **고민해야 할 두 가지 요소들**

나는 당신이 출석하는 교회에 그냥 머물러 있을지 다른 도시나 해외로 나갈지를 결정할 때 고려해야 하는 열두 가지 요소를 제시하려고 한다. 당신은 이런 여러 요소들을 잘 고려해야 한다.

1. 당신이 가는 목적. 당신이 떠나는 것을 고려하고 있다면, 당신이 현재 출석하고 있는 교회가 마음에 들지 않아서인가, 아니면 다른 곳에 가서 복음을 전하고 싶은 마음 때문인가? 당신이 떠나려고 한다면, 그 이유는 긍정적인 것이어야 한다. 당신은 또한 죄책감이나 "성숙한" 그리스도인이라면 해야 한다고 생각하는 잘못된 이상 때문에 떠나서도 안 된다. 부정적인 목적, 부적절한 죄책감, 잘못된 이상 때문에 떠난다면, 당신은 새로운 교회를 후원하거나 회복하는 일을 계속해 나갈 수 없게 된다.

2. 사역 신학과 철학. 당신이 생각하고 있는 교회나 개척 팀이 하나님 말씀을 올바르게 믿고 가르치고 있는가? 그들은 복음과 교회가 무엇인지에 대한 성경적인 이해를 가지고 있는가?

3. 복음 전도. 당신이 불신자 친구를 교회로 데려왔을 때, 그 친구가 교회에서 복음을 들을 수 있고, 복음의 능력이 가시적으로 드러나는 것을 볼 수 있겠는가? (교회 회복 프로젝트 초기에 이것을 확인하기는 쉽지 않을 것이다.)

4. 교화. 당신이 그리스도인으로서 성장하고 싶어 하는 것은 바람직하다. 그러므로 당신이 영적으로 성장하도록 도울 수 있는 교회에서 신앙생활을 해야 한다. 당신은 현재 출석 교회에서 성장하고 있는가? 당신이 교회를 옮기면 성장할 것이라고 생각하는가? 떠나는 것이 당신이나 다른 사람에게 영적으로 피해가 되는가? 비행기 승무원들은 함께 여행하는 사람의 얼굴에 산소 호흡기를 씌우기 전에 본인이 먼저

산소 호흡기를 착용해야 한다고 말한다. 그와 마찬가지로, 당신 자신의 영적인 건강을 먼저 돌보아야 한다. 당신이 만약 다른 사람을 돕고 싶다면 영적으로 호흡하고 성장해야 한다.

교회 안에는 세 부류의 사람이 있다. 불행한 사람, 옳은 일만 하는 사람, 열심히 성장하는 사람이다. 불행한 사람은 일반적으로 교회 개척이나 회복 팀에 참여하지 않아야 한다. 솔직히 말해, 목사로서 나는 그런 사람을 쫓아내고 싶은 유혹을 느낀다. 그러나 그것은 현명한 방법이 아니다. 당신이 현재 출석하고 있는 교회 안에서 불행하다면, 당신에 대해 잘 알고 있고, 불행의 원인을 찾도록 당신을 도와줄 수 있는 사람들 가운데 머물러 있는 것이 더 낫다. 그렇지 않으면 당신의 도움이 필요한 새로운 교회에 불행을 옮겨가기만 하는 꼴이 된다.

당신이 세 번째 부류에 속해 있다면, 당신은 현재 열심히 성장하고 있을 것이다. 많은 사람이 현실에 안주하고 싶어 한다. 당신이 지금 성장하고 있다면, 그 일을 계속하라. 그런데 만약 한참 동안 성장하지 않고 있다면, 장로에게 말하고 그 문제를 함께 고민해 보라.

개척이나 회복 프로젝트에 참여하기 가장 좋은 이들은 중간 부류의 사람들이다. 결국 교회 안에 있는 사람들 대부분이 이 부류에 속한다. 당신이 그런 부류의 사람이라면 당신은 잘하고 있는 것이다. 당신은 느리지만 성장하고 있다. 당신은 안정적이고 새로운 일에 실질적인 도움이 될 수 있다. 심지어 그것이 당신에게 약간의 충격을 줄 수도 있다.

5. 교회 사역의 전략적 특성. 이것이 특별히 중요해 보이는 사역인가? 당신이 공헌하고 싶고, 할 수 있다고 느끼는 사역인가? 해외에서 어떤 특정 교회를 후원하도록 전략적으로 하나님께서 주신 직업적 기

회인가? 당신이 복음을 전하고 싶은 종족이 있는가?

6. 당신이 최근에 교회에서 하는 사역. 하나님께서 당신에게 이미 허락하신 사역에 대해 생각해 보라. 그리고 당신이 특별한 사역을 감당하고 있다면 떠나는 것에 대해 신중하게 고민하라. 당신이 가르치는 일과 제자 만드는 사역을 이미 잘 활용하고 있다면, 새로 개척하는 곳에서도 그것을 더 잘 활용할 수 있을 것이다. 당신이 사람들과 빠르게 관계를 잘 맺고 있다면, 새로운 지역에 가더라도 마찬가지일 것이다. 당신이 관계를 형성하는 데 더 오랜 시간이 걸린다면, 떠나기 전에 좀 더 고민해야 한다. 당신이 현재 출석하는 교회에서 복음 전도, 제자화, 격려 사역의 "단순 수출업자"가 아니라면, 당신이 다른 교회에 가야 한다고 생각할 필요가 거의 없다.

7. 당신이 도움을 주어야 하는 특정 목회자. 당신이 어떤 사람이나 그 사람의 가족과 사적인 친분이 있을 수 있다. 혹은 그 사람의 가르침을 통해 당신이 괄목할 만하게 성장하고 있다는 것을 깨닫는다. 그렇다면 당신은 그런 사람들에게 가서 그들의 사역을 도와야 한다. 그 지도자나 사람들에게 커다란 격려가 될 것이다.

8. 지리. 당신은 현재 교회의 모임 장소나 교인들이 사는 곳에서 얼마나 멀리 떨어져 사는가? 당신은 정기적인 출석, 원활한 자원봉사, 다른 사람들과의 생활 반경이 겹칠 정도로 가까이 살고 있는가? 당신의 거주지는 이웃이나 직장 동료들의 삶 속에서 당신이 복음을 전할 때 어떤 유익이 있는가? 당신이 교회에서 좀 멀리 떨어져 산다면, 당신이 사는 곳 주변에서 선한 일을 시작하거나 장려할 수 있는가? 당신이 교회와 가까운 곳에 산다면, 새로운 프로젝트가 시작되는 곳으로

이사하려고 하지 않는 한 그 프로젝트에 참여하지 않는 것이 낫다.

9. 인생 여정. 당신의 인생 여정에 대해서도 신중하게 고려해야 한다. 당신이 독신이라면, 그리스도인의 삶을 이해하는 데 있어서 당신과 신학적으로나 실천적으로 맞는 배우자를 찾고 싶을 것이다. 당신이 한 집안의 가장이라면 아내와 아이들을 잘 훈련해 줄 수 있는 교회로 가고 싶을 것이다.

10. 당신의 재정 상태. 당신은 현재나 미래에 일어날 상황을 고려하고 준비해야 할 것이다. 집을 구할 여유가 있는지, 자녀를 교육할 능력은 되는지, 그리고 더 필요한 생활비는 없는지 살펴보아야 한다. 바울도 "누구든지 자기 친족 특히 자기 가족을 돌보지 아니하면 믿음을 배반한 자요 불신자보다 더 악한 자니라"(딤전 5:8)고 말한다. 그런데 당신이 필요하다고 느꼈던 모든 것들이 정말로 필요한 것인지 생각해 본 적이 있는가? 불필요한 걱정과 염려를 모두 내려놓으라.

11. 타인과의 관계. 당신은 사람들과의 관계가 좋을 때 떠나야 한다. 어려운 인간관계 문제를 회피하기 위해 떠나서는 안 된다.

12. 기도. 하나님이 당신을 다른 교회로 떠나게 하시거나, 현재의 교회에 머무르게 하신다고 생각하는가? 우리는 그리스도 안에서 자유가 있다. 우리는 하나 이상 선택할 수 있을 때가 있다. 우리에게 자유를 주신 하나님을 찬양하라.

· **누군가는 가야 하고, 누군가는 남아 있어야 한다**

단지 떠나는 데 비용이 들기 때문에 가지 말아야 하는 것은 아니다. 많은 사람이 주님의 명령에 순종하여 떠났고 대가를 지불했다. 당신이 예루살렘에 살고 있지 않다면 하나님께 감사하라. 누군가 대가를 지불하면서까지 복음을 들고 당신이 사는 나라와 도시, 그리고 가정에 찾아왔기 때문에 당신은 예수 그리스도를 영접할 수 있었다.

이번 장의 요점이 우리 중 몇 명은 교회를 떠나야 한다고 말하는 것처럼 들리는가? 그렇다. 누군가는 힘들어하는 교회를 돕기 위해 가야 한다. 누군가는 새로운 교회를 세워야 한다. 누군가는 해외로 가야 한다. 그리고 누군가는 남아 있어야 한다.

물론 사람들은 교회를 위해 남아 있어야 한다. 모든 교회는 지도력, 제자화, 장기적인 관계에 일관성이 필요하다. 사실 국내에서 젊은 세대를 대상으로 하는 사역은 타문화권 사역이나 다름없다. 현대 도시 생활을 특징짓는 모든 직업이나 교육적 변화를 고려할 때, 소수를 위해 할 수 있는 가장 기본적인 것은 수십 년 동안 한 장소에 머물러 있는 것이다.

당신이 무엇을 결정하더라도 서두르지 마라. 그리고 독단적으로 결정하지 마라. 기도하면서 당신을 잘 아는 친구들이나 장로들과 대화하며 결정하라.

10장
대위임령의 가장 중요한 목표

대위임령의 가장 중요한 목표는 교회 안에서의 하나님의 영광이다.

예수님이 보이지 않는 하나님의 형상이시라면, 오늘날 우리가 어떻게 예수님을 볼 수 있겠는가? 물리적인 성상이나 성화로 예수님을 경배하면 안 된다. 예수님은 제자들에게 자신을 그리거나 조각하라고 가르치지 않으셨다. 우리는 제자들이 기록한 책들을 가지고 있다. 그들은 우리가 숭배할 어떤 형상도 만들지 않았다.

예수님은 말씀을 통해 자기 형상대로 우리를 창조하셨다. 교회 안에서 우리는 하나님을 볼 수 있는 축복을 발견한다. 교회 안에서 우리는 하나님이 어떤 분이신지 본다. 우리가 그분의 얼굴을 볼 때, 궁극적으로 그분을 보게 된다는 것을 안다(요일 3:1-3; 계 22:4을 보라). 그러나 이제 지역 교회에서, 모든 민족이 영광스러운 하나님의 선하심과 사랑을 드러내고 그분을 찬양하도록 만들어야 한다.

그리스도는 자신을 지역 교회와 동일시하셨다. 교회는 그리스도의 몸이다. 그리스도는 교회의 머리이시다. 그분의 능력은 교회 안에서 드러나야 한다. 교회는 그리스도의 다양한 지혜를 반영해야 한다. 교회는 복음을 가시적으로 드러내야 한다. 교회는 그분의 복음 전도 계획이다. 교회는 그리스도 왕국의 권위가 행사되는 곳이다.

지역 교회는 제자가 만들어지는 곳이다. 이들 제자가 아버지와 아들과 성령의 이름으로 침례(세례)를 받는 장소이다. 그리스도인들이 그리스도가 명령한 모든 것에 순종하도록 배우는 곳이다. 그리고 이 영광스러운 목적을 위해, 그리스도는 다시 오실 때까지 성령과 권세를 주시겠다고 우리에게 약속하셨다.

교회 개척은 지역 교회의 기본 사역이다. 대위임령은 일반적으로 교회 개척을 통해 성취된다. 나는 당신이 주님의 대위임령에 자신의 삶과 교회를 드리기를 기도한다.

성구 색인

창세기
12:2-3	12

시편
119	15

이사야
49:6	11

다니엘
7	9

마태복음
10:10	44
15:24	9
16	24,25
16:16	24
16:17-19	25
16:18	21
18	24-6,37
18:15	39
18:15-17	44
18:17	44
18:17-18	25
18:20	26
28	18,26,37,42
28:18-20	9
28:20	42

마가복음
12:28-31	23

누가복음
11:49-50	57

요한복음
13:1	21
13:34-35	22,44
21:15-17	38

사도행전
2	29
2:37	38
2:38	38
2:41	29,38
2:42	38
5:11	29
6:5	31
8	37
8:1	29
11:20	29
11:21	29
11:22	31
11:24	29
11:26	29
14:1	30
14:7	30
14:21	30
14:23	30,32
14:27	31
15:3	31
15:4	31
15:22	31
16:4-5	31
18:8	30
19	30
20:17	30
20:27-28	38-9
20:28	21,32,43
20:28-31	38
20:29-30	39

로마서
1:7	30
1:16	16
4	16

10:15	44
10:17	13
12:3, 16	44
14:19	44
15:30	44
16:4	32
16:5	30
16:16	32

고린도전서
1:2	32
4:17	33
5:12	44
7:17	33
9:14	44
10:16	45
10:17	45
11:18, 33	33
11:29	45
12	40,50
14	40,50
14:1	44
15:1-3	38
16:1-3	33
16:19	32

고린도후서
2:6	44
8:19	33
8:23	34
11:28	34
13:5	44

갈라디아서
1:2	32
1:6-9	40
5:19-23	44
6:6	44

에베소서
4:11	43
4:11-12	50
4:11-16	38
4:15-16	50
4:25	39
4:29	40
5:25-33	22

빌립보서
1:1	32
2:8	44
2:29	44
4:15	34

골로새서
3:16	39
4:16	33

데살로니가전서
1:1	32
5:12	38
5:12-13	44

디모데전서
1:18-19	38
3:15	40
4:3	44
5:8	70
5:17-20	44

디모데후서
2:2	50
4:2	38
4:3	40

히브리서
10:22-25	44

•• 성구 색인

10:24-25	33
13:7, 17	44
13:17	43

야고보서

3:1	43

베드로전서

5:1-5	38
5:2-3	43
5:5	44

요한일서

1:3-4	44
3:1-3	72
3:14	44
4:1-3, 20-21	44

요한삼서

6-8	34

요한계시록

2-3	21
3:17	44
6:9	19
7:9-10	18
19:13	19
20:4	19

"예수께서 나아와 말씀하여 이르시되 하늘과 땅의
모든 권세를 내게 주셨으니 그러므로 너희는 가서
모든 민족을 제자로 삼아 아버지와 아들과 성령의
이름으로 침례(세례)를 베풀고 내가 너희에게 분부한
모든 것을 가르쳐 지키게 하라 볼지어다 내가 세상
끝날까지 너희와 항상 함께 있으리라 하시니라"

(마 28:18-20)